IN THE DARK SIDE
LA TERRA DI MEZZO

Abstract

Quando mi chiesero di scrivere un testo che descrivesse in modo semplice il misterioso universo del Deep Web, pensai di non riuscire nell'impresa.

La mia forma mentis è diventata, dopo anni, quella dell'investigatore, dell'analista, di colui che spazia nella confusione di link, parole, motori di ricerca e fotografie, di applicazioni utili e inutili, di cercatore di testi e informazioni su persone e cose.

Tutto ciò avviene mentre riposo la mente con pause caffè in qualche forum e poi ricomincio traducendo dalle lingue più disparate, articoli di ogni specie, colore e movimento religioso, accorgendomi, dopo qualche settimana di aver perso la strada della mia ricerca e di aver trovato, invece, un angolo nascosto del web che si trasforma in un appuntamento programmato, settimanale o giornaliero: il dopo-cena con gli amici del forum.

Amici che sono, come me, oscuri passeggeri di una nave che va alla deriva e attraverso i suoi oblò, ti permette di osservare, conoscere pericoli e vantaggi del Dark Side.

Entrare nella dark net è come acquistare un biglietto aereo aperto, senza destinazione, come entrare nel gran bazar d'Istanbul; migliaia di articoli, di banconi, di mercanti, pronti ad offrirti ciò che di meglio o peggio si stia cercando.

Una volta dentro il dark side, capisci come poteva sentirsi il

1

"Generale Custer" nella battaglia del Little Bighorn, circondato da migliaia di soggetti senza volto armati di mouse e codici binari pronti ad attirare in qualche trappola gli invasori.

Questa premessa, potrebbe fuorviare i neofiti, risultare anche minacciosa ma penso sia giusto informare tutti voi che non sarà una passeggiata. Nei capitoli che seguiranno, navigheremo insieme e conosceremo il lato oscuro della rete.

La mia prima volta nel deep provai una sensazione unica, paragonabile alla scelta di Neo in Matrix: " pillola blu o pillola rossa"? Pillola rossa! Sicuramente rossa, per entrare nel paese delle meraviglie e vedere quanto è profonda la tana del Bianconiglio.

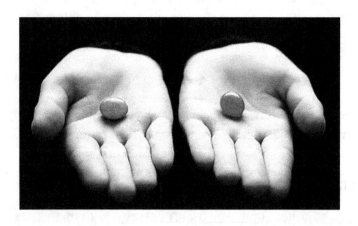

La metafora può sembrare avventata, ma parlo di sensazioni provate quando ho esplorato qualcosa di assolutamente sconosciuto: un portale nascosto per il paese delle meraviglie con l'accesso dietro l'angolo del web, nel retroscena di google.

Un bel regalo e l'inizio di una fantastica avventura.

Capitolo 1 IL DEEP WEB

1.1 La terra di mezzo

J.R.R. Tolkien descrisse la sua terra di mezzo come una terra arda, la terra dove le sue fantasie, le sue storie avevano luogo.

Una terra piena di insidie, di orchi, elfi e nani, organizzati e preparati, ognuno secondo la propria razza e cultura, in una terra pericolosa.

Arda poiché immaginava l'intera creazione come una serie di mondi all'interno di altri mondi.

La nostra terra di mezzo è il deep web, cioè il mondo all'interno del mondo, il profondo WEB, dove le nostre ricerche non possono essere indicizzate da google, dove vigono invisibilità e anonimità.

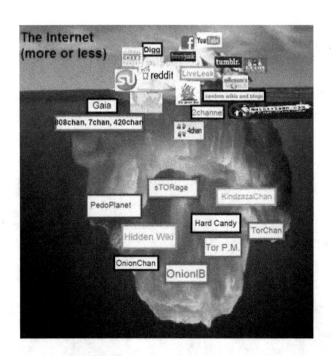

Navigare su internet è oggi molto semplice, alla portata di tutti, le applicazioni e i software ed i browser hanno un'interfaccia grafica che permette all'utente di interagire con la macchina, controllando oggetti grafici convenzionali.

Pochi però conoscono il portale che permette il passaggio dal web al deep, la scala del sotterraneo che aprirà il paese dei balocchi, il tocco di "pakkun" l'orsetto magico dello straordinario paese delle meraviglie.

Per accedere al deep web è necessario un browser di navigazione denominato TOR - the Onion router - sistema di comunicazione anonima finalizzato a proteggere la privacy tra gli internauti.

La prima versione alpha di TOR fu lanciata il 20 settembre

2002 da Syverson e altri collaboratori, con lo scopo di proteggere le comunicazioni dei servizi segreti statunitensi.

Dingledine e Mathewson e altri 5 collaboratori che lavoravano originariamente al progetto, nel 2006 fondarono the Tor Project, un'associazione senza scopo di lucro responsabile dello sviluppo di Tor e dei progetti correlati.

La EFF (Electronic Frontier Foundation) continua ad essere il principale sponsor del progetto ed è un'organizzazione internazionale non profit di avvocati e legali rivolta alla tutela dei diritti digitali e della libertà di parola nel contesto dell'odierna era digitale.

Internet è simbolo di globalizzazione, una vetrina sul mondo, la connessione di utenti e la loro vita sociale.

Di solito conosciamo già la destinazione del viaggio o almeno le tappe intermedie; digitiamo un indirizzo web specifico e da lì veniamo trasportati sui vari link che ci interessano, muovendoci di pagina in pagina.

Oppure ci affidiamo a un tour operator, un motore di ricerca come Google: gli diciamo cosa desideriamo e ci lasciamo trasportare da lui, fidandoci dei risultati che ci suggerisce.

In entrambi i casi pensiamo che internet sia ciò che vediamo, o che ci viene fatto vedere.

Come accade a chi è in crociera, quando finisce col pensare che l'orizzonte e la superficie dell'acqua siano l'oceano nella sua interezza, e ne dimentica la profondità.

Là sotto lo sguardo non arriva, la nave non si immerge, Google non serve.

Esiste un mondo di informazioni sommerse che costituisce

appunto il contenuto del web invisibile.

Il deep web è conosciuto anche come :

Dark Web

Undernet

Subnet

Hidden Internet

Deep Net

Invisible Web

Hidden Web

è, come già descritto in precedenza, il luogo dove i siti sono nascosti agli utenti del tradizionale Internet.

Nel Deep web non ci sono solo siti raggiungibili attraverso TOR, ma anche quei siti che manualmente sono stati oscurati e che, solo conoscendo l'indirizzo e la password di accesso, sarebbero consultabili.

Ma questo non è il motivo per cui siete qui!

Siete qui per scoprire il mistero del dark web, l'emozione di navigare in un luogo pieno di pericoli e intrighi, ciò che viene nascosto dall' internet che conosciamo e usiamo ogni giorno; la vostra curiosità vi ha portato qui e volete sapere se questo posto esiste e capire lo scopo della sua esistenza.

Vi capisco perché ero esattamente come voi, ho passato molte settimane in ricerca di ciò che viene nascosto laggiù, e penso che il modo migliore per accedervi ed esplorare sia proprio l'immersione completa, il distacco parziale dalla realtà.

Tu sei qui per ripercorrere la strada.

" - Permettimi di essere la tua guida - "

1.2 Il paradosso TOR

TOR sta per 'The Onion Router'. Un nome stupido, sono d'accordo.

La pronuncia potrebbe fuorviare i neofiti e condurli sulla strada della mitologia norrena ricca di racconti sulle gesta di Thor, quello con l'h per intenderci e la lotta perenne contro i giganti.

Ma quel Thor era il figlio di Odino e sicuramente, nonostante avesse molti pregi e appartenesse ad una delle principali famiglie divine dei Vichinghi, non era ancora attrezzato per viaggiare in rete.

TOR, come già anticipato è un browser di navigazione anonimo che ha nelle sue caratteristiche principali la connessione in deep Web.

Utilizzato anche quale browser di navigazione nel clear web, l'utilizzo di TOR non deve essere percepito come una violazione o come un reato ma, come una tutela personale, una specie di armatura che protegge la nostra navigazione evitando di lasciare tracce digitali durante il nostro cammino.

Questo strumento di anonimato per l'accesso al deep web è stato fondato e creato dalla US Navy per comunicare con le basi distaccate nel mondo con una certa sicurezza.

Successivamente diventò un rifugio per gli esuli politici e religiosi nei paesi in cui internet è stato vietato o una perdita di informazioni avrebbe portato a gravi conseguenze.

Fino ad oggi, il governo degli Stati Uniti è il più grande sostenitore finanziario con gruppi scientifici e di altri enti governativi.

TOR consente la comunicazione anonima tramite una rete basata su una serie di nodi chiamati relay, costituiti da server intermediari (ONION) attraverso i quali transitano i dati prima di arrivare a destinazione.

Il passaggio attraverso questi nodi modifica ogni volta il percorso; la modifica avviene ogni 10 minuti circa ed automaticamente. Ne consegue che i siti web non riescono a tracciare la fonte della richiesta di accesso e quindi l'indirizzo IP degli utenti connessi a TOR.

La rete Tor, alla quale chiunque può partecipare volontariamente, ha oltre 4.000 macchine distribuite in tutto il mondo, che garantiscono l'anonimato a tutti gli utenti.

Ma in che modo veniamo tracciati in rete?

- indirizzo IP (identifica l'ISP Intenet service provider)

-browser utilizzato

-dettagli di visita (cookies)

-collegamenti successivi (link – cookies traccianti)

Utilizzando Tor, riusciremo in parte ad oscurare alcune tracce della nostra navigazione ma non tutte.

1.3 Punti deboli di TOR

Non tutto viene nascosto dal buon TOR.

Questo browser seppur in minima parte necessita di cura e rimedi per evitare la tracciabilità.

Di seguito alcuni punti deboli :

-non nasconde l'utilizzo della rete TOR (quindi un'attenta analisi rileverebbe l'utilizzo del browser anonimo);

-non protegge l'ultima parte della connessione dal router Tor di uscita (exit-node) fino al server di destinazione;

-non protegge il contenuto delle informazioni trasmesse a meno che non si utilizzi esclusivamente il protocollo htpps.

Tor non è la Panacea di tutti i mali, ma può fornirci un buon punto di partenza, è però essenziale ricordare che da solo non basta se non si prendono in considerazione altri aspetti:

-   exit-node (punto più debole da risolvere)

-   protocollo utilizzato TCP

    La sicurezza è un processo che deve essere sviluppato in prima persona e l'ultima cosa che vorrei proporvi in questo testo è quella di acquistarne un altro che parli di sicurezza informatica.

Per questo motivo non è richiesta assolutamente una competenza informatica per navigare in deep web ma, accuratezza, intelligenza e un po' di follia il resto lo lasciamo agli ingegneri informatici che fanno della sicurezza il loro pane quotidiano.

Per risolvere il problema dell'exit-node vi consiglio di connettere a TOR passando attraverso una VPN (1)

(1)In telecomunicazioni una VPN (virtual private network) è una rete di telecomunicazioni privata, instaurata tra soggetti che utilizzano, come tecnologia di trasporto, un protocollo di trasmissione pubblico e condiviso, come ad esempio la rete Internet.

Internet VPN

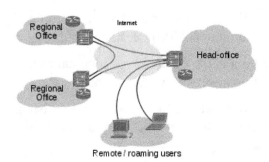

Lo scopo delle reti VPN è quello di offrire alle aziende, a un costo minore, le stesse possibilità delle linee private a noleggio, ma sfruttando reti condivise pubbliche: si può vedere dunque una VPN come l'estensione a livello geografico di una rete locale privata aziendale sicura che colleghi tra loro siti interni all'azienda stessa variamente dislocati su un ampio territorio, sfruttando l'instradamento tramite IP per il trasporto su scala geografica e realizzando di fatto una rete WAN, detta appunto "virtuale" e "privata", equivalente a un'infrastruttura fisica di rete (ossia con collegamenti fisici) dedicata. (wikipedia)

L'utilizzo di una VPN è certamente la soluzione più immediata, semplice ma soprattutto più sicura. Alcuni siti (es: riseup.net) mettono a disposizione questo servizio gratuitamente.

Sul Web è ormai diffuso il servizio VPN gestito da molte società che offrono sia gratuitamente, con traffico limitato, oppure a pagamento, nell'ordine di circa 60 euro annui, un sistema di accesso sicuro e anonimo in rete.

Bene, ora che ci siamo detti abbastanza sulla Cipolla Magica (la cipolla è il simbolo di TOR) è giunto il momento di dare un'occhiata "forniti di torcia" nel buio del deep, nella terra di mezzo dove quanto finora detto, servirà a poco.

Infondo lo scopo del libro è proprio questo!

Il primo passo da fare per acquisire il pass per l'entrata è quello di connettersi al sito https://torproject.org.

Il sito offre il download gratuito del software/applicazione per ogni sistema operativo.

Sei Pronto?

Un click per il download e poi segui le semplici istruzioni per la configurazione ed il gioco è fatto.

Se dovessi avere ancora qualche dubbio sulla provenienza del software oppure sulla pericolosità che lo stesso potrebbe avere, allora hai acquistato il libro sbagliato poiché questo testo è adatto ai temerari, agli audaci e curiosi della rete, a tutti quelli che nel DNA conservano dalla nascita quella predisposizione all'investigazione.

Ricordo con molto entusiasmo l'acquisto di una motocicletta, circa 20 anni fa, e curioso delle prestazioni studiai il manuale d'uso.

Bene, alla prima pagina dovetti interrompere lo studio dopo aver letto la prima riga:

"dopo 30 minuti di rodaggio sei pronto per le gare".

Ci siamo!

questa la finestra che ci comunica la connessione a TOR.

    In alto troverete una finestra scorrevole per la selezione della lingua.

Selezionate la lingua italiano e noterete che il benvenuto di Tor è dato con un nuovo indirizzo IP (2)

(2) In telecomunicazioni e informatica, l'Internet Protocol (IP) è un protocollo di rete appartenente alla suite di protocolli Internet TCP/IP su cui è basato il funzionamento della rete Internet. IP è un protocollo di interconnessione di reti (Inter-Networking Protocol), classificato al livello di rete (3) del modello ISO/OSI, nato per interconnettere reti eterogenee per tecnologia, prestazioni, gestione, pertanto implementato sopra altri protocolli di livello collegamento, come Ethernet o ATM. È un protocollo a pacchetti senza connessione e di tipo best effort, che non garantisce cioè alcuna forma di affidabilità della comunicazione in termini di controllo di errore, controllo di

flusso e controllo di congestione, che può essere invece realizzata dai protocolli di trasporto di livello superiore (livello 4), come TCP.

Correntemente sono usate due versioni del protocollo IP, l'originaria versione 4 e la più recente versione 6, nata dall'esigenza di gestire meglio il crescente numero di computer (host) connessi ad Internet. **(wikipedia)**

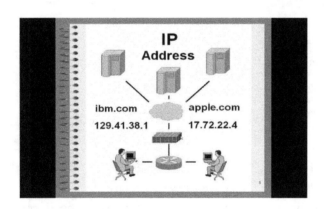

In basso c'è la possibilità di donare qualcosa per sostenere il progetto.

Trattasi di donazioni non obbligatorie che hanno lo scopo di ringraziare o incoraggiare ulteriori sviluppi del progetto in linea con la policy dell'open source, del software libero (3).

(3)(*Nota i programmatori, i detentori dei diritti del software rendono pubblico il codice sorgente favorendone lo studio e permettendo a programmatori indipendenti di apportarvi modifiche ed estensioni*).

Il vostro indirizzo IP è cambiato!

Non ci credete? Allora seguitemi..

restando connessi su Tor passate per un momento al vostro classico browser di navigazione (chrome – mozilla -intenet explorer ecct.) e digitate l'indirizzo *whatismyipaddress.com* e noterete subito che il vero indirizzo IP, che il server sul quale siete connessi vi restituisce, è completamente diverso da quello indicato da TOR.

Volete saperne di più sul nuovo IP?

Evidenziate e copiate l'indirizzo IP dalla pagina TOR e incollatelo su IP lookup del sito *whatismyipaddress.com* e come per magia, in un click, TOR vi ha modificato nazionalità, lingua e religione.

Ora siete davvero anonimi.

Congratulations. This browser is configured to use Tor.

Your IP address appears to be: 62.210.69.79

Dopo questa piccola e divertente prova, torniamo alla pagina TOR perché da qui a poco scopriremo quanto sia davvero affascinante.

1.4 Gli oscuri passeggeri

Ma chi sono gli utenti del Deep Web?

Il profondo web è un luogo frequentato da attivisti informatici (hackers), politici e religiosi, forze di polizia federale e di intelligence, analisti e professionisti delle informazioni (esperti di Osint), servizi di prevenzione per sondare pericoli internazionali, terroristi, e delinquenti di ogni genere.

In rete, troviamo anche curiosi, studenti, investigatori privati, giornalisti investigativi e soggetti che utilizzano il deep web per il solo scopo di poter comunicare senza essere filtrati dallo stato in cui si trovano – vedi paesi canaglia – paesi in cui vige la dittatura – paesi con limitata stabilità politica e sottoposta a limitazione dei più semplici e democratici diritti delle libertà.

Siamo nell'era delle libertà negate, dei diritti violati, di una offuscata democrazia di ciò che si potrebbe gridare ai quattro venti senza dover pagare conseguenze legali o ancora peggio, nascondersi dai poteri forti.

Le verità corrono come auto impazzite sul web, si nascondono dietro file crittografati a 256 bit, componendo cripto-frasi inviate via mail e molte volte archiviate e ubicate in storage on line che necessitano di un login per accedervi.

La rete è più facile quando si è insensibili.

Chi naviga in deep, dopo ore ed ore di connessione, si sente come un disco rigido esploso per eccesso di voltaggio, si sentono le scariche che attraversano il cervello, e i ricettori della serotonina fanno gli straordinari.

Molte di queste informazioni viaggiano su TOR, "il nostro

browser di navigazione speciale".

Per gli utenti che si affacciano per la prima volta nella terra di mezzo il tour comincia con una visita alla main page del deep, il sito più commerciale, che in sintesi significherebbe quello meno nascosto.

1.4.1 "The Hidden Wiki"

http://zqktlwi4fecvo6ri.onion.

Immediatamente salta all'occhio quello che nel classico web viene definito "dominio internet":

un sistema convenzionale che consente sia di identificare una precisa macchina sulla rete che identificare anche l'ente o l'azienda o la persona che si assume la responsabilità.

La stessa ne beneficia del nome similarmente a quanto succede nel caso di un'insegna o di un marchio aziendale www.tuonome.it.

The hidden wiki non rientra in questa definizione in quanto

la stringa alfanumerica che precede il server Onion non è associabile a nessun soggetto conosciuto. Nessun sito in deep web è associabile ad aziende o soggetti legalmente registrati.

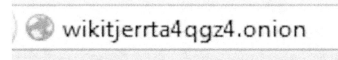

The Hidden wiki è un buon punto di partenza per i meno esperti, anche se per la maggior parte degli utenti del deep, the Hidden Wiki, è stato progettato   per convogliare gli utenti a siti truffa che hanno lo scopo di fregarti.

Quindi fate molta attenzione.

Hidden Wiki è un gateway, un insieme di link raggruppati in categorie per ogni tipo di servizio necessario:

Hidden Service lists and search engines

Marketplace Financial

Marketplace Commercial Services

Marketplace Drugs

Hosting

Blogs

Forums and Chans

Email and Messaging

Political

Hacking

Warez

Erotic 18+

Erotic Hard Candy

Ogni categoria avrà una sotto-categoria e numerosi link che porteranno l'utente proprio dove vogliono gli amministratori del sito. Inutile ricordarvi che siete qui per esplorare, meri navigatori curiosi che hanno acquisito il diritto di affacciarsi per qualche ora nel retro bottega di google.

Non fatevi ingannare dalle mille offerte che vi si presentano, ricordatevi che non siete soli in rete, che non è tutto oro quel che luccica.

E' severamente vietato dalla legge acquistare droga, armi e merce in generale che non viene distribuita e regolarmente venduta attraverso i canali ufficiali, è vietato scaricare immagini che riproducono minori, è vietato acquistare servizi che non corrispondono ai requisiti normativi previsti.

L'autore e l'editore non si assumono nessuna responsabilità per ogni azione intrapresa dal lettore.

19

Era doveroso informarvi dei danni e della rilevanza giuridica di ogni azione illegale effettuata in rete ma, aggiungo, che il pericolo maggiore, potrebbe rivelarsi con l'intrusione di criminali informatici sulla propria macchina; il preambolo era obbligatorio.

Non vi nascondo che una delle prime volte, anch'io utilizzai hidden wiki, e cominciai a curiosare tra i link della categoria "politic" imbattendomi nel sito "assassination market".

1.5 Assassination Market

Si tratta di un sito anonimo, creato da "Kuwabatake Sanjuro" il quale ha pensato di monetizzare il proprio rendiconto attraverso una lotteria di previsione di morte. Il mercato dell'assassino, dove ognuno degli utenti registrati piazza una scommessa utilizzando una moneta virtuale, i Bitcoin, sulla possibile morte di un dato individuo.

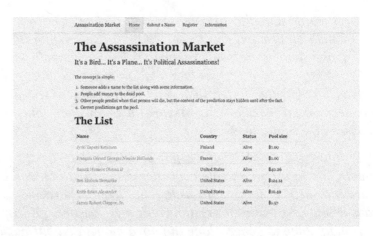

Ma, in dettaglio, come funziona?

Collegandosi al sito, si è obbligati alla registrazione attraverso una mail ed uno username, successivamente, si ha la possibilità di effettuare un upload di una foto con l'inserimento di una breve biografia del soggetto scelto come vittima, aggiungendolo alla lista per aspiranti bounty killers e mettendo una "taglia" che andrà a chi indovinerà con esattezza la data della morte.

La morte della vittima prescelta, non deve avvenire necessariamente per omicidio: "Non importa in che modo muoiano – spiega Sanjuro – se accadesse in un attacco nucleare in cui muoiono anche milioni di civili innocenti, pagherei lo stesso la puntata".

Il sito, ovviamente, compie delle restrizioni. Il partecipante al "gioco" deve essere accettato dagli altri utenti, deve ottenere almeno 1 bitcoin(4) entro una settimana, altrimenti verrà rigettato attraverso la restituzione della prima puntata effettuata.

(4) *Bitcoin (simbolo: BitcoinSign.svg; codice: BTC o XBT) è una moneta elettronica creata nel 2009, il cui inventore è noto con lo pseudonimo Satoshi Nakamoto, implementando un'idea dello stesso autore presentata su Internet a fine 2008. Convenzionalmente, il termine Bitcoin maiuscolo si riferisce alla tecnologia e alla rete mentre il minuscolo bitcoin si riferisce alla valuta in sé.*

A differenza della maggior parte delle valute tradizionali, Bitcoin non fa uso di un ente centrale: esso utilizza un database distribuito tra i nodi della rete che tengono traccia delle transazioni, e sfrutta la crittografia per gestire gli aspetti funzionali come la generazione di nuova moneta e l'attribuzione di proprietà dei bitcoin.

La rete Bitcoin consente il possesso e il trasferimento anonimo delle monete; i dati necessari a utilizzare i propri bitcoin possono essere salvati su uno o più personal computer sotto forma di "portafoglio" digitale, o mantenuti presso terze parti che svolgono funzioni simili a una banca. In ogni caso, i bitcoin possono essere trasferiti attraverso Internet verso chiunque disponga di un "indirizzo Bitcoin".

La struttura peer-to-peer della rete Bitcoin e la mancanza di un ente centrale rende impossibile a qualunque autorità, governativa o meno, il blocco dei trasferimenti, il sequestro di bitcoin senza il possesso delle relative chiavi o la svalutazione dovuta all'immissione di nuova moneta.

Bitcoin è una delle prime implementazioni di un concetto definito criptovaluta, descritto per la prima volta nel 1998 da Wei Dai su una mailing list.(wikipedia)

Il pagamento della puntata avviene su indirizzo elettronico attraverso l'invio di un documento cifrato in cui viene indicata la data di morte della vittima (giorno mese e anno) e ora in cui essa avverrà con uno scarto massimo di tre ore.

Con l'aumento delle puntate il "soggetto vittima" viene inserito nella top 5 dei candidati "a morte"e il jackpot viene poi vinto da colui che, al momento del reale decesso, avrà indicato con esattezza la data.

Inquietante gioco che potrebbe essere stato ideato, se non lo è già, in funzione di indurre qualcuno all'assassinio; se non altro perché il modo più sicuro per essere certi della data di morte di un qualche individuo è provvedere personalmente al decesso.

La "star" di questo ignobile elenco è il direttore della Federal Reserve, Ben Bernanke, per cui sono offerti 124,14 bitcoin, all'incirca 75.000 dollari.

Per Sanjuro, non c'è niente di immorale. Se l'omicidio – afferma – è in genere da condannare, in questo caso si tratta di una sorta di contrappasso. "Quando qualcuno usa la legge contro di te oppure viola il tuo diritto alla vita, alla libertà, alla proprietà, al commercio o alla ricerca della felicità, da oggi puoi, stando nel comfort e nella sicurezza della tua stanza, ridurre a tua volta la sua aspettativa di vita". Nel suo caso, la molla decisiva che ha fatto scattare l'idea di creare il sito, è stata la rivelazione della rete di sorveglianza costruita dalla Nsa e da altri servizi segreti attorno a Internet e la violazione della privacy che ne consegue. (la stampa 30.11.2013)

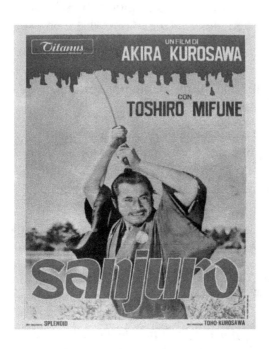

Questo è quanto la rete oggi può offrire a futuri terroristi ed estremisti dando loro la possibilità di farsi giustizia da soli.

Il Deep Web diventa, quindi, il "non luogo" per eccellenza in cui si escludono tutti i riferimenti normativi, in cui il fatto criminoso non si identifica più con un comportamento riconoscibile con connotazione negativa ma il luogo in cui tutto diviene possibile, nulla è da considerare male in sé, tutto si può ridefinire attraverso processi di delegittimazione delle norme violate o di chi è chiamato a farle rispettare.

L'adesione alla legalità appare limitata alla sfera dell'astratto, una messa in discussione dell'orientamento culturale che caratterizza il tessuto connettivo della vita democratica con la conseguente diffusione dell'illegalità intesa come modalità di comportamento "normale" e della percezione che sia accettabile farsi giustizia da sé.

 L'autonomia di scelta del privato cittadino legittima a poter agire "eliminando" persone di cui non si condividono le scelte che vengono assunte come ingiuste, arrivando fino ad affermare un vero e proprio diritto di decidere della vita o della morte del soggetto, forte anche della presunzione di impunità che l'anonimato offre.

A portata di click il grande potere di diventare artefice del destino di una persona, di assumere la decisione di cambiare la situazione che si ritiene scomoda, di giocare con l'esistenza altrui.

Il pericolo, grave e reale, è quello di diventare l'esecutore materiale, la mano che rende possibile la risoluzione del gioco, il cui premio è al di là del frutto economico, il credersi onnipotenti.

Capitolo 2   TOR OPERATOR

2.1 DuckDuckGo

Oscuri passeggeri, fornitevi di una birra, berretto da basket, occhiali da sole minacciosamente rivolti verso l'alto, una ciotola di tortillas – lato poltrona – perché il viaggio comincia.

Il primo tour operator - "motore di ricerca" che voglio consigliare ai lettori è "DuckDuckgo" che troverete nella sezione "searchlist engine" di Hidden wiki.

Ridicolo e di elevata stravaganza il nome ed il logo associato, ma in realtà uno dei migliori motori di ricerca confezionati da TOR.

Questo motore di ricerca effettua in simbiosi ricerche sul web e sul deep web, con una grafica all'altezza di google ma con un numero di risultati inferiori e maggiormente selezionati.

DuckDuckGo si definisce come un motore di ricerca che mette in primo piano la privacy, e per farlo, non memorizza alcun indirizzo ip, non registra informazioni sull'utente, usa i cookie solo quando strettamente necessario (per le impostazioni), libera l'utente dalla bolla di filtraggio e dal tracciamento. Weinberg dichiara che: *"DuckDuckGo non raccoglie o condivide informazioni personali. Questa è la nostra politica sulla privacy in poche parole. *(nota wikipedia)*

Le ricerche effettuate con DuckDuckGo vengono filtrate per evitare pagine con quantità eccessive di pubblicità, e come già accennato, dal 2010 ha introdotto un indirizzo nascosto con un nodo di uscita per la ricerca anonima attraverso Tor.

Questo consente di restare anonimi smistando il traffico attraverso una serie di relay criptati. Utilizzando DDG con accesso a Tor *(https://3g2upl4pq6kufc4m.onion/)* significa ottenere risultati web, ma anche risultati nascosti, che in qualche caso potrebbero essere essenziali per eventuali investigazioni di stampo giornalistico e di polizia.

Per una prova pratica e semplice è possibile utilizzarlo anche fuori dal deep per una effettiva conferma di quanto detto fin'ora.

Troverete DDG qui: *https://duckduckgo.com/*

Noterete immediatamente risultati non comuni, non commerciali e per chi mastica quotidianamente l'analisi delle fonti web, si renderà subito conto delle svariati fonti giornalistiche che DDG mette a disposizione con la sua predisposizione al filtraggio, eliminando i risultati di quelle aziende che pensa, siano produttori spudorati di contenuti, come "How" di Demand Media, dove utenti freelance vengono pagati per pubblicare 4000 articoli al giorno.

Torniamo a Tor utilizzando DDG sul sito nascosto *https://3g2upl4pq6kufc4m.onion/* e proviamo a digitare nella casella di ricerca "rent hacker";

Scorrendo tra i risultati, noteremo tra i primi 10 link un sito anonimo nascosto nel deep web che offre un servizio di "hacker a noleggio".

L'autore del sito, offre la sua lunga esperienza di esperto in informatica, ingegneria sociale (parleremo dell'ingegneria sociale nei paragrafi successivi) per chi ne avesse necessità, elencando i vari prodotti in commercio, che vanno dall'intrusione nelle caselle email, intrusione nei social network e hackeraggio siti web.

Per ogni servizio è indicato il costo, sottolineando che

essendo un lavoro effettuato da professionista, il cachet richiesto è di 80 euro all'ora. Assurdo è l'avviso che il cyber criminale posta sulla propria pagina, informando gli utenti di non fidarsi di servizi di hackeraggio a prezzi bassi.

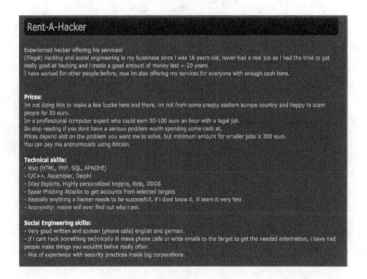

2.2 Torch

Il motore di ricerca più utilizzato dagli oscuri passeggeri è Torch che, non parla italiano ma parla inglese, arabo e lingue orientali.

Non è google, non indicizza e risponde solo se la domanda è attinente.

Cerca nei meandri più oscuri del deep web la parola digitata e sarai tu a dover filtrare le sue risposte nelle decine di link che ti verranno inviati.

tORCH

TORCH: Tor Search Engine

[   ]

[Search!]

90917 indexed onion pages

If you like this service, please donate us bitcoins for the servers!
BTC: 16Mosxht8A3Ve6ou5gLq1KSEKYBhECnGf

Advertise with us!!

Puoi trovare torch digitando questo dominio *http://xmh57jrzrnw6insl.onion.*

Non è consigliabile chiedere a Torch di cercare prodotti illegali come armi, droga, carte di credito crakkate, e tutto ciò che potrebbe in qualche modo rendere il vostro viaggio un incubo.

Sappiate che anche non acquistando prodotti illegali potreste essere vittime di indagini da parte delle forze di polizia presenti sul deep solo per aver visitato un sito anonimo illegale.

Il deep web è sicuramente il gran bazar dell'illegalità, ma ci sono fortunatamente anche posti in cui è possibile ottenere informazioni, leggere articoli interessanti, confrontarsi con altri utenti nei forum, riuscendo in parte, a sopprimere quella grande curiosità di vedere quello che non si può.

Nel 2011 mi laureai in Scienze Politiche con tesi "Il fenomeno del terrorismo Internazionale tra la Comunità internazionale e il Corano".

Sapete bene che per concludere una tesi è necessario acquisire dati, articoli, informazioni che in qualche modo devono rapire l'interesse del relatore.

Bene, l'unico modo per avere in mano qualcosa di sbalorditivo, era quello di avere in mano qualcosa di nascosto.

M'immersi per qualche notte nel deep web alla ricerca di informazioni che avrebbero integrato in modo davvero unico la mia tesi di laurea. -+

Trovai un forum dal nome abbastanza inquietante "Confessioni anonime", attirò subito la mia attenzione.

Una risatina smorzata tra i denti, un cicchetto di rum di annata, un click sulla registrazione utente e entrai in questo forum.

La schermata principale contava molti topic: confessioni personali che riguardavano la sfera sessuale, l'abuso di sostanze psicotrope, l'uso di armi, ideologie politiche e assurde teorie di nuovi sistemi economici basati solo su moneta virtuale – bitcoin – per meglio garantire la privacy di imprese, famiglie, oscurando il potere delle banche e dei governi, tagliando, in questo modo, inutili tasse e per assurdo, riducendo le attività criminali ai minimi termini per un'impossibile comunione tra organizzazioni mafiose e governi.

Beh, devo dire, che in fondo, tanto assurdo non sarebbe, se solo non esistessero i criminali informatici assunti da organizzazioni mafiose e da governi che permetterebbero poi la solida comunione di affari illeciti. Non se ne esce più.

31

Bevo un altro cicchetto e vado avanti.

Tell Me Your Secrets   Home   View a Secret   Add a Secret   Statistics

Confess Your Secrets

Everyone has secrets - Time to tell the world about yours.

Add a Secret   Read A Secret

Il topic che stavo cercando per le mie ricerche mi rimbalzò davanti agli occhi scorrendo la home del forum: "islam friends".

Un certo Asim, raccontava che la sua vita cambiò il giorno in cui una bomba spazzò via la sua famiglia in un secondo.

I sacrifici del padre, il lavoro duro della madre e i suoi piccoli fratelli, per mano delle forze militari occidentali furono sterminati.

Asim, postava un verso del Corano, incitava i fratelli ad unirsi, di fare propaganda, e di inviare bitcoin ad conto virtuale da utilizzare quale aiuto per la rinascita dell'Islam.

I miei studi di Ingegneria sociale mi hanno trasformato in un essere molto diffidente, un lupo dei Carpazi, e mi soffermai a studiare il caso in quanto qualcosa non quadrava.

Cercai di capire il soggetto attraverso le risposte degli

altri utenti, quindi, postai un mio pensiero, mascherandomi da giornalista ateo che raccoglieva informazioni per poi diramarle alla stampa.

Questo suscitò in lui una reazione che mi confermò il suo falso profilo di vittima e di procacciatore di "friends for islam" ma di uno pseudo-criminale che avrebbe truffato chiunque avesse inviato moneta virtuale sul suo conto.

Quindi, qualcosa di nuovo per la mia ricerca, la truffa dietro il terrorismo, per assurdo, c'è un posto nel mondo dove qualcuno fa affari mascherandosi da fratello della "jihad".

Dopo quattro ore passate tra traduzioni e immagini salvate nella mia cartella "tesi" voltai pagina cercando qualcosa che mi facesse rilassare per abbattere la curiosità, sostituendo il buio del deep con quello del sonno.

Jasmine, una ragazza svedese con problemi di violenza domestica, raccontava delle giornate di terrore che il compagno della madre le faceva passare dalla tenera età di 12 anni.

Raccontava di non riuscire più a dormire per paura di non poter reagire all'ennesima violenza che il patrigno le arrecava stordendola con sostanze narcotiche.

Non riusciva a denunciare l'uomo, forse per paura di procurare alla madre una delusione.

Forse per vergogna, Jasmine subiva violenza da anni e forse era affetta dalla Sindrome di Stoccolma: *quando la vittima prova un sentimento positivo nei confronti del proprio aggressore che può spingersi fino all'amore e alla totale sottomissione volontaria, instaurando in questo modo una sorta di alleanza e solidarietà tra vittima e carnefice.*

La sua testimonianza si concludeva con una richiesta davvero interessante: "qualcuno può indicarmi un sito per acquistare un passaporto falso?

Voleva scappare dall'orco.

Avrei voluto consigliare a Jasmine il sito, ma la mia deformazione professionale mi ha contratto le dita, ha impedito qualsiasi risposta. Click sulla X e via dal deep.

Vado a dormire.

2.2.1 Fake ID - Passports

Jasmine avrebbe apprezzato molto, ma non sarebbe stato professionale indicare il sito dove avrebbe potuto acquistare un passaporto falso anche se per "giusta causa".

Il deep web è il luogo "del tutto è possibile" dove hai la possibilità di cambiare identità, fuggire dall'altra parte del mondo, trasformarti in cittadino americano, concludere affari, aprire conti correnti, commettere attentati con identità fasulla, semplicemente con una manciata di euro/dollari trasferiti via Bitcoin.

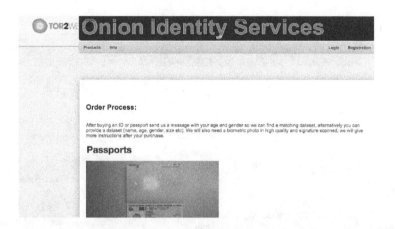

Onion Identity Service è un sito nascosto che mette a disposizione vari servizi di "fake identity", dal passaporto alla carta di identità fino alla patente di guida.

Il sito realizzato da Torshops, fornisce tutte le informazioni per ottenere il documento più adatto alle nostre esigenze.

Tra le informazioni da inviare, anche una foto digitalizzata di ottima qualità, allo scopo di abbinare il nuovo documento ad un soggetto esistente che abbia caratteristiche somatiche simili.

La facilità con la quale sia possibile effettuare suddetta transazione ci lascia abbastanza perplessi sulle verità/menzogne che purtroppo ci vengono trasmesse quotidianamente dai media e dai governi.

Product	Price	Quantity		
Lithuanian Passport	2650 EUR = 4.759 ฿	1	X	Buy now
Netherlands Passport	3150 EUR = 5.657 ฿	1	X	Buy now
Denmark Passport	3150 EUR = 5.657 ฿	1	X	Buy now
Great Britain Passport	4000 EUR = 7.184 ฿	1	X	Buy now
Canada Passport	2500 EUR = 4.490 ฿	1	X	Buy now

ID Cards

Facciamo un esempio: Se volessi diventare martire, seguire le scritture del Corano, (interpretate a modo loro), e quindi farmi esplodere in un locale al centro di Parigi e nello stesso tempo far in modo che tutti sappiano chi fosse la bomba umana allo scopo di avere un posticino tra le più belle donne dell'aldilà ed una villa al mare con posto barca compreso, allora lascerò un documento ben visibile sul luogo del crimine.

Se invece, volessi commettere un attentato terroristico applicando un piccola modifica al solito modus operandi delle strutture pro_isis, un attentato con omicidio di massa e fuga, sperando di non essere catturati, vedi Charlie Hedbo 7 gennaio 2015, Nizza, 14 luglio 2016, dove gli attentatori hanno cercato immediatamente la fuga, allora non avrò bisogno di far conoscere la mia identità perché in questo modo sarei immediatamente un ricercato internazionale.

Quindi perché lasciare i propri documenti in auto o nel veicolo pesante?

A chi appartenevano quei documenti?

Jasmine avrebbe avuto solo bisogno di scappare dal patrigno.....

2.3 Grams

Completiamo il capitolo tour operator con l'ultimo motore di ricerca, che non consiglio affatto a chi soffre di dipendenze da stupefacenti, a chi soffre di disturbi di personalità e a chi da tempo vuole sbarazzarsi della suocera.

Scherzi a parte, questo motore di ricerca è davvero pericoloso.

Il mercato della droga, delle armi e del denaro.

Grams

Darknet market search

[   ] 🔍

Grams Search   I'm Feeling Lucky

Droga per ogni esigenza, anfetamine, Lsd, sex drug, marjuana, speed, Ketamina, cocaina etc.. Grams è il frecciarossa che collega l'oscuro passeggero con il gran bazar dell'inverosimile. Grams lo trovi a questo link *http://grams7enufi7jmdl.onion/* digitando una qualsiasi parola che ha contenuti afferenti droga, armi o bitcoin e in pochi secondi sembra d'essere all'EXPO di Milano con offerte provenienti da centinaia di siti.

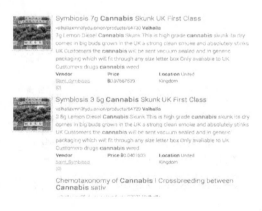

La storia del mercato della droga nella dark net è stata raccontata in varie trasmissioni, recensita su decine di articoli, tutti, nominando sempre il famoso sito "SILK ROAD" chiuso e riaperto decine di volte sino all'arresto del suo fondatore Ross Ulbricht aka Dread Pirate Roberts.

Ergastolo per Lui.

Si conclude in questo modo l'infinita storia di Silk road con un'accusa grave, che va oltre al traffico internazionale di stupefacenti; il Texano è stato giudicato colpevole anche della morte di 6 persone, decedute per overdose.

Ma facciamo un passo indietro.

Sul Mio Blog nel 2013 pubblicai il seguente articolo:

2.3.1 Silk Road (L'inchiesta)

Nel 2013 mi affacciai per la prima volta, per pura curiosità, nel sito Black Market reload. La pagina, dalla struttura molto minimale, chiedeva una registrazione per la visita. In qualche forum avevo letto che non era permesso a tutti l'ingresso, che gli amministratori del sito avrebbero effettuato delle verifiche prima di concedere il login e password per accedere al gran bazar della droga. Quindi, spinto dalla curiosità di verificare con i miei occhi, se quello che si diceva fosse tutto reale, effettuai i passaggi obbligati per evitare una possibile compromissione a questa visita. Mi registrai su tormail e mi diedi un nick che non avrebbe dovuto insospettire gli amministratori, "Bjos". La connessione a TOR la feci attraverso una VPN per evitare un exit-node e il browser lo feci partire direttamente da un dispositivo esterno. Per una maggiore sicurezza utilizzai un pc con hard disk vergine - . Una volta effettuata la registrazione, procedura molto semplice ed anonima, come d'incanto mi arrivò la risposta sulla mia tormail.

Accesso consentito. Black Market reload come Scampia ? No signori miei, Scampia è solo la piazza che i media hanno voluto far emergere sulle tante piazze di spaccio esistenti sul nostro territorio e non sono qui ad illustrarvi il perché di questa, volontà di posizionare all'apice di una classifica indegna il quartiere alle porte di Napoli. Sono qui per raccontarvi che la piazza di spaccio H 24 esiste e con ogni probabilità funziona davvero molto bene. Il primo impatto sulla home del sito è stato "quasi" affascinante per la creatività, l'ordine e la corretta dose di informazioni presenti sotto tutti i prodotti in vendita. L'ebay della droga esiste.

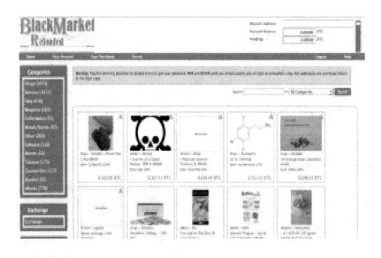

Come ebay, è possibile accedere ai feedback dei compratori, necessari per acquisire le prime posizioni nel sito.

Per ogni prodotto è presente il prezzo di acquisto in Bitcoin, il soggetto venditore, la sua email. Le modalità della spedizione della merce saranno rese successivamente all'ordine via email.

Un'impresa a costo zero. Lsd, hashish, Anfetamine, psicofarmaci, tutti catalogati per specie, provenienza e peso. Ricordo ancora che, le droghe più sponsorizzate erano 4-MMC e Crystal meth. Incolori, inodori e insapori. Un mix letale che avrebbe potuto anche uccidere. Black Market Reload prima, ma tutti conoscono Silk Road, simile se non il figlio d'arte. Silk road, un altro sito, contava 4400 droghe diverse nei propri cataloghi.

Un centro commerciale - on line - della droga. Si vende la piccola dose ma c'è chi vende anche un kg di exstasi – cocaina. La possibilità che la criminalità organizzata oggi si nasconda dietro questi siti è davvero reale. In Russia la criminalità organizzata, Mafia Russa, arruola da qualche anno ingegneri informatici. In Italia il fenomeno non ha ancora preso, fortunatamente, piede. La chiusura di Cipolla un sito sulla dark net italiana ha completamente smantellato il piccolo sistema che da li a poco sarebbe potuto diventare un piccolo silk road. Prima della chiusura di silk road, il volume di affari del sito si aggirava tra 1,5 – 2 milioni di euro al mese. Il famigerato «Dread Pirate Roberts» percepiva una commissione del 6% a transazione.

16.2.2012
tohtori@hushmail.me

Immagini: Antonio Marciano, (Cannabis seeds – deep web search)

Tutti hanno visitato "Silk Road" ma pochi hanno conoscenza dell'esistenza di centinaia di altri siti che a conti fatti potrebbero risolvere il debito pubblico dell'Italia nel giro di un anno.

Milioni di dollari/euro esentasse girano sul deep web, dove, invisibili imprenditori affaristi di ogni età, professione e località, emulano il principe della droga "Pablo Escobar".

L'indagine dell'FBI che ha portato all'arresto di Ross Ulbricht conosciuto meglio come "Dread Pirate Roberts" creatore di Silk Road, nel 2015, chiuse con un clamoroso scoop Hollywoodiano.

Anche due agenti, uno della sicurezza nazionale americana l'altro della DEA, squadra antidroga, che avevano partecipato all'indagine in qualità di undercover, si resero responsabili di molti capi di accusa, oltre al furto di qualche milione di dollari in bitcoin.

Summary

I love learning and using theoretical constructs to better understand the world around me. Naturally therefore, I studied physics in college and worked as a research scientist for five years. I published my findings in peer reviewed journals five times over that period, first on organic solar cells and then on EuO thin-film crystals. My goal during this period of my life was simply to expand the frontier of human knowledge.

Now, my goals have shifted. I want to use economic theory as a means to abolish the use of coercion and agression amongst mankind. Just as slavery has been abolished most everywhere, I believe violence, coercion and all forms of force by one person over another can come to an end. The most widespread and systemic use of force is amongst institutions and governments, so this is my current point of effort. The best way to change a government is to change the minds of the governed, however. To that end, I am creating an economic simulation to give people a first-hand experience of what it would be like to live in a world without the systemic use of force.

La FED confisca la cifra record di 29 mln$ in BitCoin da Silk Road.

Capitolo 3 LA SICUREZZA IN RETE

3.1. Un posto al sicuro

Un posto al sicuro dove poter archiviare i propri documenti, lontano da occhi indiscreti e difficilmente hackerabili. Strano ma vero. La possibilità di acquistare uno spazio web o uno storage (in ambito informatico con il termine storage si identificano i dispositivi hardware, i supporti per la memorizzazione, le infrastrutture ed i software dedicati alla memorizzazione non volatile di grandi quantità di informazioni in formato elettronico – Wikipedia) nel deep web è semplice ed economico. Certo, è possibile se in possesso di moneta virtuale che nel prossimo capitolo analizzeremo meglio. Gli archivi o meglio storage, sono allocati in posti difficilmente accessibili, impossibili da trovare con una semplice ricerca attraverso i vari motori di ricerca, quindi assolutamente invisibili e anonimi. L'utente che acquista questo tipo di servizio, verrà abilitato dal servizio con un link onion e un login e password che potrà modificare infinite volte a suo piacimento. A cosa può servire un archivio sul deep web?

In primis, un archivio su supporto digitale, riservato e nascosto, è un eccellente metodo per accedere in qualsiasi momento ed in qualsiasi località del mondo alla documentazione personale, riservata o meno riservata che sia, evitando di dover appesantire la nostra borsa di supporti classici – hard disk – usb – con il rischio, sempre alla porta, di perdere l'intero contenuto per un danno al supporto o ancora peggio per un virus. Il web di superficie è stracolmo di servizi di storage, come drop box – icloud, sicuramente abbastanza sicuri, in quanto l'accesso è sempre attraverso un login con password ma il sito stesso potrebbe essere vittima di attacco hacker oppure gli utenti

44

vittime di pishing * che inviano il loro login dopo aver ricevuto una fake-email *

3.1.2 Pishing:

Il pishing è un tipo di truffa via internet attraverso la quale un aggressore cerca di ingannare la vittima convincendola a fornire informazioni personali sensibili.

Si tratta di una attività illegale che sfrutta una tecnica di ingegneria sociale: attraverso l'invio casuale di messaggi di posta elettronica che imitano la grafica di siti bancari o postali, un malintenzionato cerca di ottenere dalle vittime la password di accesso al conto corrente, le password che autorizzano i pagamenti oppure il numero della carta di credito. Tale truffa può essere realizzata anche mediante contatti telefonici o con l'invio di SMS (SMISHING).

45

questo è un caso reale:

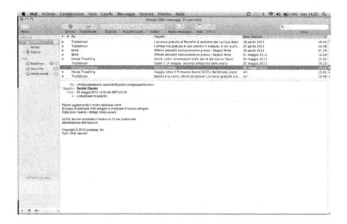

Quando non siete convinti, ma io lo consiglierei sempre, soprattutto quando a scrivere sia una banca, la posta, oppure un social network, utilizzate l' impostazioni "visualizza sorgente" della vostra e-mail in modo da verificare negli headers gli identificativi del mittente comprensivi dell'indirizzo IP di partenza.

Un esempio di emai pishing (Header mail):

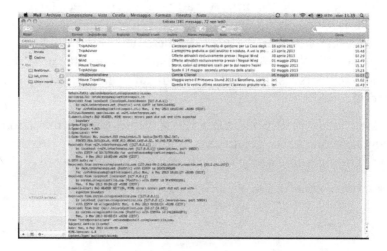

Header: Dopo averlo composto e inviato, il messaggio viene elaborato dal server di posta elettronica presso il provider di servizi Internet (ISP). Se il messaggio è destinato a qualcuno che non ha una cassetta postale nel server di posta elettronica del mittente, il server lo inoltra a un altro server. Il messaggio viene inoltrato da server a server. Può passare tra diversi server di posta elettronica finché non raggiunge quello in cui il destinatario ha una cassetta postale.

A partire dalla creazione del messaggio, le relative informazioni vengono aggiunte a una sezione nascosta del messaggio, nota come intestazione Internet. Le informazioni includono dettagli tecnici sul messaggio, ad esempio chi lo ha creato, il software usato per comporlo e i server di posta elettronica in cui è transitato prima di raggiungere il destinatario. Questi dettagli consentono di identificare i problemi relativi al messaggio o di individuare l'origine di messaggi commerciali indesiderati.

Noterete che nell'indirizzo mail vi è un errore eclatante, che denota la difficoltà della lingua italiana di chi ha inviato il pishing " posteitaliene"; negli headers della mail troviamo un indirizzo IP "88.2.241.157" al quale è collegata una mail "correo.colegiocastilla.com" mail di un collegio spagnolo di Madrid.

Tracciando mail e indirizzo IP risaliamo alla localizzazione geografica del server di partenza. Il gioco è fatto.

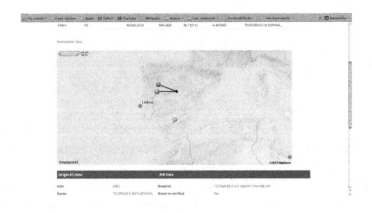

Localizzazione geografica indirizzo IP

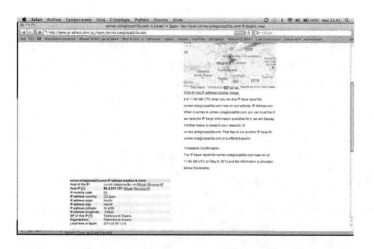

Localizzata la struttura, identificata quale "college Castilla", base del server di provenienza, dove l'indirizzo ip apparterrà al pc utilizzato dallo studente che nell'ora indicata dalla mail avrà avuto accesso allo stesso con il numero IP individuato.

Quindi chi ha scritto quella email non era un impiegato delle poste italiane a meno che non fosse in vacanza e facesse gli straordinari; torniamo a noi.

Storage, spazi web illimitati sono quindi un prezioso aiuto per utenti desiderosi di accedere in qualsiasi momento ai propri documenti e immagini personali senza dover patire l'ansia di un possibile hackeraggio del proprio account. Nel 2014 una grande azienda che fornisce questo tipo di servizio, nel web di superficie, è stata attaccata da Hackers Russi, subendo il furto di migliaia di account e di conseguenza migliaia di dati personali in mano a criminali informatici. Il cavallo di troia, è il

49

gioco perverso di questi criminali. La restituzione degli account dietro una transazione economica. La richiesta si aggirava all'epoca dai 30 ai 50 euro ad account. Irrilevante la richiesta ma profondamente personale il bottino di dati, che i criminali erano riusciti ad ottenere e che avrebbero in qualche caso potuto sfociare in ricatti ben più pregiati. Ecco perché tanti preferiscono archiviare nella terra di mezzo. Questo uno dei link dove è possibile acquistare uno storage nel deep web

Ma procediamo con ordine.

Sarà necessario un indirizzo di posta elettronica anonimo.

3.2. Deep email

Come già indicato nel capitolo precedente, sulla Main Page di Hidden Wiki vi sono elencati i servizi ai quali è possibile accedere. Tra questi vi è la sezione "Email – messaging". Per creare un indirizzo di posta elettronica nel deep web è molto semplice. Selezioniamo un servizio a nostro piacimento, entriamo nel sito, registriamo un nome utente e password e il gioco è fatto. Nessun dato anagrafico, nessuna domanda segreta niente di quanto viene richiesto sul web di superficie è preteso dal servizio email nel deep web. Una email anonima è necessaria per iscriversi ai forum, ai servizi di archivio o storage come già spiegato all'acquisto di bitcoin e per l'accesso, che sconsiglio vivamente, al profondo deep web nella dark net.

Per rafforzare ai massimi livelli la vostra casella di posta elettronica appena creata, si potrebbe, eventualmente, inserire uno strumento di crittografia dei dati. Spiegheremo nei prossimi paragrafi come integrare questa opzione.

3.2.1 Protezione delle trasmissioni e uso della crittografia

Per motivi di sicurezza, per timore che le nostre comunicazioni trasmesse via internet vengano intercettate da un eventuale hacker, oggi, molti utenti della rete si affidano all'uso della crittografia per trasferire in modo sicuro i propri messaggi di posta elettronica o per eseguire operazioni di commercio elettronico – pagamento on line – inserimento dati bancari.

I computer, come già più volte descritto in precedenza, inviano messaggi di posta elettronica (in realtà tutte le trasmissioni TCP/IP) via internet sotto forma di pacchetti. Nelle reti, l'intercettazione delle transazioni rappresenta uno dei più gravi rischi che attualmente affligge i singoli utenti e le organizzazioni. Per proteggersi dall'intercettazione dei pacchetti , è opportuno crittografare tutte le trasmissioni. Una trasmissione crittografata contiene dati crittografati che possono essere interpretati solo applicando la chiave di crittografia corretta.

La trasmissione di un messaggio di posta elettronica è paragonabile, in senso stretto alla trasmissione di una cartolina con la posta ordinaria. Il messaggio della cartolina è visibile a tutti coloro che ne hanno accesso, dal momento del ritiro alla prima cassetta postale fino al raggiungimento della destinazione. Tutti coloro che hanno accesso alla posta potranno leggere il contenuto della cartolina. I messaggi di posta elettronica, prima di giungere a destinazione, passa attraverso molti computer e tutti coloro che hanno accesso ai server. Possono leggere il messaggio e modificarlo nel caso si voglia effettuare un crimine.

La crittografia evita che un utente diverso dal destinatario possa vedere il contenuto del messaggio. La crittografia di un documento di testo, trasforma lo stesso in una sequenza di

51

numeri interpretabile solo avendo la corretta chiave di decodifica.

Supponiamo di voler inviare un messaggio riservato via internet. Consegnando una chiave di decodifica al destinatario, è possibile inviare un messaggio crittografato che solo lui potrà leggere. Una chiave crittografica "semplice" utilizzata anche da Giulio Cesare, denominata anche "cifrario di Cesare" è quella di far scorrere di tre posizioni il testo in gruppi di lettere di quattro elementi. Una frase sarà in primis scomposta in gruppi di lettere da quattro, e poi ogni lettera verrà modificata con l'avanzamento di tre posizioni nell'alfabeto.

I limiti all'uso della crittografia semplice è il fatto che sia il mittente che il destinatario devono conoscere la chiave di decodifica del testo. La chiave potrebbe essere, come visto in precedenza, la semplice sostituzione delle lettere di qualche posizione, oppure l'inserimento di numeri al posto di lettere, chiavi che dovranno essere comunicate prima dell'invio del

Cifratura di Cesare

Il primo esempio documentato di impiego militare della cifratura per sostituzione si trova ne De bello Gallico di Giulio Cesare.

La cifratura comportò l'uso di caratteri dell'alfabeto greco al posto di quelli latini

Un'altra scrittura per sostituzione usata da **Giulio Cesare** è documentata ne la *Vita dei Cesari* di Svetonio, un'opera del II secolo dopo Cristo

Si trattava del semplice scambio di ogni lettera del messaggio con quella di tre posti più avanti nell'alfabeto

```
    a  b  c  d  e  f  g  h  i  k  l  m  n  o  p  q  r  s  t  u  v  z
    d  e  f  g  h  i  k  l  m  n  o  p  q  r  s  t  u  v  z  a  b  c
    V E N I ,   V I D I ,   V I C I
    B H Q N ,   B N G N ,   B N F N
```

messaggio con canali sicuri. Quindi, oltre al problema di doversi scambiare personalmente la chiave, in quanto ritengo che il modo più sicuro sia la consegna di persona, sorge il problema delle numerose chiavi che si dovranno avere con tutti coloro a cui vogliamo inviare messaggi. Per questo motivo esiste oggi la possibilità di avere un sistema di crittografia a chiave pubblica.

La crittografia asimmetrica, conosciuta anche come crittografia a coppia di chiavi, crittografia a chiave pubblica/privata o anche solo crittografia a chiave pubblica è un tipo di crittografia dove, come si evince dal nome, ad ogni attore coinvolto nella comunicazione è associata una coppia di chiavi:

☐ la chiave pubblica, che deve essere distribuita,

☐ la chiave privata, personale e segreta; evitando così qualunque problema connesso alla necessità di uno scambio in modo sicuro dell'unica chiave utile alla cifratura/decifratura presente invece nella crittografia simmetrica. Il meccanismo si basa sul fatto che, se con una delle due chiavi si cifra (o codifica) un messaggio, allora quest'ultimo sarà decifrato solo con l'altra.

Per utilizzare questo tipo di crittografia, è necessario creare una coppia di chiavi. Quando vengono generate le due chiavi sono equivalenti (una delle due indifferentemente può essere resa pubblica). La proprietà fondamentale delle due chiavi è che un messaggio cifrato usando una delle due chiavi può essere decifrato soltanto usando l'altra chiave e viceversa. Ciò significa sostanzialmente che le due chiavi funzionano "insieme" pur non essendo possibile dall'una desumere l'altra.

Quando una delle due chiavi viene resa pubblica e l'altra privata, è possibile utilizzarle insieme fondamentalmente per due scopi:

1. Inviare un messaggio cifrato ad un destinatario. Per fare ciò il mittente cifra il messaggio con la chiave pubblica del destinatario. Per la proprietà delle due chiavi, l'unico a poter decifrare il messaggio è il destinatario, possessore della chiave privata.

2. Verificare l'autenticità di un messaggio. In questo caso il possessore della chiave privata cifra il messaggio con la sua chiave privata. Il destinatario verifica l'autenticità del messaggio decifrando con la chiave pubblica del mittente. Si noti che in questo caso tutti i possessori della chiave pubblica del mittente potranno leggere il messaggio, verificandone l'autenticità.

Affinché tutto funzioni, ovviamente, è necessario che il possessore della chiave privata custodisca gelosamente tale chiave.

3.3 Certificati e Key-Ring

Prima che un utente possa inviare un messaggio crittografato, deve conoscere la chiave pubblica del destinatario. Vari gruppi sia pubblici che privati, fra cui MIT e PGP, gestiscono dei "mazzi" di chiavi pubbliche chiamati . Quando si inserisce la propria chiave pubblica in un key-ring, il sito conserva la chiave all'interno di un certificato. Un certificato per chiavi comprende il nome del proprietario, un contrassegno cronologico del momento in cui il programma di crittografia ha generato la coppia di chiavi e la chiave pubblica. Alcuni programmi di crittografia creano anche certificati per chiavi private, che contengono informazioni simili ma memorizzano al posto della chiave pubblica la chiave privata. I possessori di chiavi devono custodire i propri certificati per chiavi private mentre possono distribuire liberamente i certificati per le chiavi pubbliche.

La chiave PGP :Il software che ci consente di comunicare in forma assolutamente riservata anche tra persone che non si sono mai viste di fatto e che vivono a decine di migliaia di chilometri di distanza l'una dall'altra. Tutto ciò è possibile grazie alla crittografia a chiave pubblica (è più facile a farlo che a spiegarlo) comunque in breve si tratta di questo:

1. Con il software di crittazione si crea una chiave di due parti - una pubblica e una privata. Alle persone con le quali volete comunicare trasmettete la parte pubblica della vostra chiave. Solo voi potete usare la chiave privata.

2. Quando scrivete un messaggio di posta elettronica usate la chiave pubblica del destinatario per criptarlo.

3. Il processo di criptaggio inserisce una sorta di "lucchetto" elettronico al vostro messaggio. Anche se questo e' intercettato durante il suo tragitto, il suo contenuto e' inaccessibile.

4. Quando il messaggio arriva, il destinatario inserisce una password (composta da una o più parole). Il software usa la chiave privata per verificare che per la crittazione sia stata usata la chiave pubblica del destinatario.

5. Usando la chiave privata il software sblocca la crittazione e consente di leggere il messaggio.

Per approfondire l'argomento delle chiavi di crittografia pubblica PGP: http://www.tmcrew.org/privacy/guidapgp.htm

Molto interessante e sicuramente pratico è il ruolo di MIME e UUENCODE nelle trasmissioni di posta elettronica crittografata.

Dietro le quinte, quando gli utenti inviano messaggi di posta elettronica via internet, i programmi di posta elettronica trasferiscono i messaggi utilizzando il protocollo SMTP (simple mail transfer protocol). Si tratta di un buon protocollo che non può trasferire messaggi crittografati in un file binario. SMTP può solo trasferire testo. Per questo motivo, la maggior parte dei programmi utilizza il formato MIME (multipurpose intenet mail extensions) o la codifica UUENCODE, (unix to unix encode) Innanzitutto il mittente del messaggio esegue la crittografia e poi codifica il messaggio. Alla ricezione, il destinatario prima decodifica e poi esegue la crittografia del messaggio.

Questa la top ten dei server di posta elettronica presenti nel deep web:

Sigaint – sigaintevyh2rzvw.onion

RuggedInbox – s4bysmmsnraf7eut.onion

Torbox –torbox3uiot6wchz.onion

Bitmessage – bitmailendavkbec.onion, clearweb

Mail2Tor – mail2tor2zyjdctd.onion

RiseUp – nzh3fv6jc6jskki3.onion, clearweb

Lelantos – lelantoss7bcnwbv.onion paid accounts only

Autistici – wi7qkxyrdpu5cmvr.onion, clearweb

AnonInbox – ncikv3i4qfzwy2qy.onion paid accounts only

VFEMail – 344c6kbnjnljjzlz.onion, clearweb

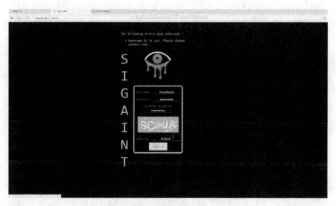

Sigaint email server

Sigaint è sicuramente uno dei migliori servizi di posta elettronica offerto nel deep web. Nel 2014 è stato uno dei pochi sopravvissuti ad un'indagine del FBI che ha chiuso oltre 400 siti nella dark net. Anonimità, possibilità di archiviazione dati gratuita fino a 500 mb, protezione con chiave crittografica da applicare in locale, possibilità di eliminare l'account in ogni momento. Questi solo una parte dei servizi disponibili. Chiaramente, come per ogni servizio offerto gratuitamente vi sono anche servizi a pagamento, che faranno della tua casella di posta elettronica una "Safe House". Come per tutti i servizi offerti nel deep web – dark net, la transazione dovrà avvenire con Bit Coin.

3.4 Ingegneria sociale e manipolazione della mente

"Si possono investire milioni di dollari per i propri software, per l'hardware delle proprie macchine e per dispositivi di sicurezza all'avanguardia, ma se c'é anche solo un unico dipendente della nostra azienda che può essere manipolato con un attacco di ingegneria sociale, tutti i soldi investiti saranno stati inutili . Kevin Mitnick

L'hacker informatico, immerso nei codici binari cambia volto. Ma cos'è l'ingegneria sociale e perché ne parliamo?

"L'ingegneria sociale e quel ramo della sicurezza informatica che si occupa di carpire e ottenere informazioni sensibili manipolando la mente e il comportamento di chi ne ha custodia.

Come ben sappiamo la sicurezza informatica non è ne un'affermazione ne un punto d'arrivo; ma semplicemente un processo. L'ingegneria sociale da sola è una tecnica che, come detto sopra, mira a sottrarre informazioni sensibili.

Basterebbe già questo a classificarlo come attacco estremamente pericoloso; La maggior parte dei dati sensibili che ci riguardano sono nella nostra mente. Ogni giorno, utilizziamo nomi, date di nascite, ricorrenze estremamente particolari.

I nomi dei calciatori della nostra squadra, della donna della nostra vita, all'interno di credenziali che ci permettono l'ingresso in applicazioni, social network, posta elettronica. L'ingegnere sociale che ha deciso di recuperare queste

58

informazioni non fa altro che analizzare i vostri profili e mettere in pratica una serie di attività di investigazione atte a formare una lista di elementi utili allo scopo.

Ma perché l'essere umano come vittima?

Perché l'essere umano e un'animale che prova emozioni e stati d'animo: paura, senso di colpa, compassione, interesse, amore, affetto, tristezza ecc. Le emozioni e gli stati d'animo possono alterare la percezione della realtà di un individuo e questo comporta un bug, una falla nella personalità dell'essere umano che, attraverso varie tecniche e tipologie d'attacco, può essere sfruttata e manipolata per estorcere e carpire informazione sensibili che mai e poi mai dovremmo essere in grado di conoscere. (Vincenzo G. Calabro - Social Engineering)

L'Ingegnere sociale è una persona curiosa di sapere quello che gli viene nascosto o proibito, e di superare i limiti che queste proibizioni comportano. Il suo scopo principale è conoscere e scoprire, informare e divulgare é il suo intento non é mai distruttivo ne dannoso. Un ingegnere sociale è colui che conosce l'arte di manipolare una mente, di modellare un

59

linguaggio non verbale, di influenzare gli accadimenti e costruire intorno a un sistema un ecosistema sociale perfetto. Questo personaggio, è in modo particolare la figura dell'ingegnere sociale, non é necessariamente un guru o super esperto di informatica. .Può anche essere una persona sufficientemente acuta e abile nel manipolare il carattere umano o semplicemente capace di utilizzare la più potente arma di questo settore della sicurezza informatica: mentire.

L'ingegnere sociale ottiene tutto ciò che serve chiedendo direttamente alla vittima, secondo Kevin Mitnick; " se vuoi conoscerli, devi pensare come loro".

Le quattro fasi dell'ingegneria sociale:

-analisi iniziale

-costruzione dell'attacco

-la fuga

-le contromosse – la difesa

1) analisi iniziale - footprinting

la fase iniziale nella quale si studiano e si carpiscono tutte le possibili informazioni sulla potenziale vittima. Questa fase è fondamentale, se non la più importante! E' la fase in cui L'I.S. mette in atto tutte le sue capacità di manipolazione del soggetto. Le risorse sono infinite, da Facebook a Twitter alla posta elettronica l'I.S. utilizzerà le metodologie a disposizione per carpire informazioni.

Tecniche di attacco: Fase 1, Footprinting

- *Footprinting:* ovvero il reperimento e la
raccolta delle informazioni necessarie per
l'attacco vero e proprio.

Whois sul sito della vittima   Trashing   Intrusione

2) l'intrusione:

è la fase più importante, l'I.S. sferra l'attacco . Per difendersi
da un attacco di Ingegneria sociale, bisogna essere attrezzati e
soprattutto riconoscerlo. E' la fase cruciale entro la quale la
vittima può abbandonare il campo di battaglia. Superata questa
fase l'attacco avrà avuto successo i dati e le informazioni
necessarie all'I.S. saranno stati condivisi, il tutto all'insaputa
della vittima.

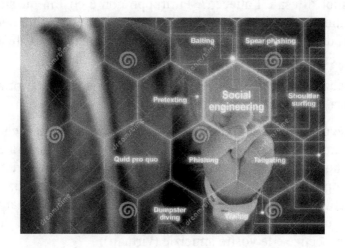

3) la fuga

L'I.S: successivamente dovrà cancellare le tracce, gli indizi, le prove della sua possibile intrusione ed assicurarsi che nelle prossime intrusioni non vi siano problemi per la propria sicurezza. In questa fase la vittima si rende conto dell'attacco.

4) La difesa:

la miglior difesa è l'attacco?. Purtroppo non è così in questo settore o almeno, non del tutto. Molteplici sono le possibilità per difendersi da un attacco di I.S. ma sicuramente quella più valida e a costo zero è la diffidenza.

Diffidenza, sospetto di inganno, di intrusione nella propria vita privata. Non permettete a nessuno di entrare in casa vostra.

Regole che dovrebbero essere rispettate ma che quotidianamente, per distrazione o per ego smisurato condannano numerose vittime alla perdita dei propri dati personali, provocando agli stessi perdite di denaro ingenti. I Social Network, in particolare Facebook, come ha detto Richard Stallman, nonostante abbia moltiplicato esponenzialmente le vostre conoscenze e le vostre amicizie (virtuali):

"Is not your friend's"

Facebook is not your friend,
it is a surveillance engine

Richard Stallman, American software freedom activist (b. 1953)

Non é vostro amico non perché non lo voglia essere, ma perché, senza le dovute precauzioni e accorgimenti si comporta esattamente come il vostro peggior nemico: diffonde i tuoi dati, non mantiene i segreti, non ti protegge dai nemici e spiffera sempre tutto.

Profilo generico: ogni potenziale link, frase, foto liberamente cliccabile e un danno per la vostra sicurezza. Gusti musicali, cinematografici, politici, religiosi, ecc;

Nessuno di questi elementi deve comparire sulla vostra bacheca. o almeno, il meno possibile. Ognuna di queste preferenze é un potenziale attack vector, uno spunto su cui creare un pretesto. Limitate al minimo il numero di foto, non mostrare mai foto di dove si é stati, a cosa si é partecipato, dove si vive, dove si lavora ecc. Per nessuna ragione al mondo pubblicate i vostri indirizzi personali; numero di telefono, email, abitazione ecc, questo consiglio non è limitativo, evitare totalmente queste pubblicazioni è spesso fondamentale.

Come creano link interessanti e che possano attrarre il maggior numero di persone possibili?

Un link per essere accattivante deve possedere una tra queste qualità : originalità , sensazionalità , scoop.

Si può definire questo attacco come la moderna versione, applicata ai social network, del phising. Un'applicazione che si finge essere un link il più appetibile possibile, e che invece una volta cliccata si rivela un'applicazione invasiva che si appropria del proprio profilo e si auto-diffonde.

Messenger

Chi ha visitato il tuo profilo Facebook?
Fai clic e scoprilo subito --> http://
socialreports.co/w/1731235

Dumpster diving

può essere tradotto come: frugare tra la spazzatura.

Molte volte le grosse organizzazioni cestinano dati come elenchi telefonici, manuali, policy della compagnia, calendari, agende, eventi, stampate di dati sensibili, login e password, stampate di codice sorgente, dischi, carta intestata, memo, hardware contenente ancora dati utili. L'I.S. può usare questa "spazzatura" per ottenere una grossa quantità di informazioni sulla natura dell'organizzazione e sulla struttura della rete.

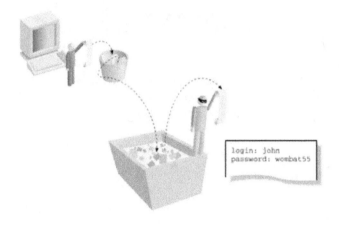

login: john
password: wombat55

Sono davvero tante le strade che percorre un I.S. per carpire le informazioni utili allo suo scopo.

L'ingegnere sociale colpisce soprattutto attraverso le applicazione social ma, è attivo frequentatore della terra di mezzo – deep web - dove con molta più difficoltà potrà affilare le proprie lame contro vittime, che come lui, sono oscuri passeggeri. Non è un mistero che il ricavo proveniente da attività di ingegneria sociale venga poi trasformato in moneta virtuale (Bitcoin) ed utilizzato per ulteriori affari illeciti nel deep web.

Capitolo 4 BITCOIN

4.1 La moneta della terra di mezzo

Il Bitcoin è diversa da qualsiasi valuta usata prima, ed è quindi molto importante capirne alcuni punti chiave.

A differenza del denaro stampato dal governo, nel nostro caso dalla banca europea, che può essere gonfiato a volontà, innalzando la soglia dell'inflazione, la fornitura di bitcoin è matematicamente limitata a ventuno milioni, e non può mai essere cambiata.. Tuttavia, queste monete possono essere divisi in parti più piccole (la quantità divisibile più piccola è un cento milionesimo di bitcoin ed è chiamato 'Satoshi', nome del fondatore).

I Bitcoin sono impossibili da contraffare o gonfiare.

Si possono utilizzare per inviare o ricevere qualsiasi somma di denaro, con chiunque, in qualsiasi parte del mondo, a costi molto contenuti. I pagamenti con Bitcoin sono impossibili da bloccare, ed i conti non possono essere congelati.

Possono provare a bloccare internet in tutto il mondo ma la rete Bitcoin è inarrestabile e incensurabile. Secondo Satoshi Nakamoto, fondatore di questa immensa banca virtuale, il bitcoin è "la libertà senza precedenti, ma richiede anche una maggiore responsabilità degli utenti, che il tempo ricompenserà".

Entriamo nel dettaglio: il vecchio ma attuale sistema bancario

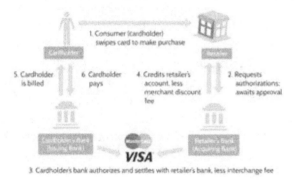

verrà tra qualche anno sostituito secondo Satoshi dal nuovo sistema finanziario:

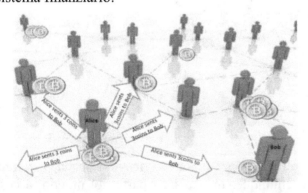

Si tratta di un sistema che funziona con trasferimento Peer to Peer, nessun ente centralizzato, nessun server, nessuna autorità che regolamenta e gestisce. La generazione avviene da parte di "miners" che risolvono complessi problemi matematici ottenendo in cambio moneta con un limite di generazione di 21 milioni di btc (verrà raggiunto nel 2140).

Ogni transazione viene memorizzata in una sorta di "estratto conto globale", condiviso e pubblico di tutte le transazioni: la blockchain.

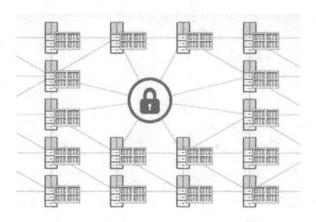

Ma cos'è la blockchain?

La Blockchain può essere applicata a tutto ciò che necessita che una relazione, uno scambio, siano garantiti.

Notai. Istituzioni. Esperti d'arte. Proprietà intellettuale. Elezioni politiche. Insomma tutto ciò che ha a che fare con l'uomo nelle sue relazioni con altri uomini. A pensarci, possiamo definire la Blockchain come una macchina perfetta, un algoritmo inattaccabile, che genera e garantisce fiducia tra le persone in una comunità. E' la Blockchain la vera forza di Bitcoin poiché nella Blockchain sono registrate tutte le transizioni fatte in Bitcoin dalla prima volta che è stato utilizzato (2009) ad oggi. Un libro contabile aperto, che tutti possono controllare ma nessuno la può possedere. La ragione è che ogni transizione deve essere approvata dal 50% più uno dei nodi della catena di blocchi. Concetti che possono sembrare complessi, ma che proveremo a spiegare un passo alla volta.

(Arcangelo Rociola – chefuturo.it 30.10.2015)

Ciò che identifica i "conti" su cui transitano i bitcoin sono gli indirizzi bitcoin, una sorta di IBAN che si può generare autonomamente, senza bisogno di richiederlo ad autorità terza o dichiararne il possesso e attraverso una chiave segreta che viene impiegata come password permette il transito nel conto e la possibilità di spendere i propri BTC.

Ogni utente registrato possiede un wallet, ossia una sorta di portafoglio virtuale un conto digitale, dove custodisce la moneta generata o comprata. L'utente è inoltre in possesso di due chiavi, una pubblica e una privata. La chiave pubblica, definita anche indirizzo Bitcoin, è un codice alfanumerico di 34 o 36 caratteri che inizia sempre con il numero 1, 1Ai90aafGHWYLpDNbP5b1OIqyquun3ot32.

La chiave pubblica, a differenza di quella privata, è visibile a tutti e viene utilizzata quale punto di invio o di ricezione per qualsiasi pagamento.

Occorre precisare che ogni utente può ottenere un numero indefinito di indirizzi Bitcoin, senza alcun limite, in quanto la generazione di conti richiede pochissimo tempo di elaborazione.

L'utilizzo di coppie di chiavi diverse per ogni singola transazione garantisce anonimato. Infatti chiunque all'interno della rete Bitcoin può vedere le transazioni effettuate da un certo indirizzo, anche se non è possibile risalire all'identità della persona fisica che ha realizzato lo scambio.

La chiave privata invece viene utilizzata per far sì che ogni pagamento sia autorizzato solo dall'effettivo proprietario della moneta, dato che soltanto quest'ultimo ne è a conoscenza senza possibilità per gli altri utenti di entrarvi in possesso.

Ma come si fa ad acquistare BTC?

71

L'attività di mining è quella privilegiata. In sostanza dopo aver installato il software bitcoin si accede alla rete peer to peer una sorta del vecchio napster per capirci, per passare poi alla tanto e chiacchierata attività di mining, ossia, mettere a disposizione il tuo pc in rete, diventando così un miners (minatore).

Il software creato da Nakamoto (col quale è possibile fare il bitcoin mining) è basato su 2 concetti principali: il peer-to-peer e la crittografia. Lo scopo del software Bitcoin è quello di generare una sorta di "libro contabile" virtuale e distribuito fra tutti i miner, che verifica e tiene traccia di tutte le transazioni eseguite tramite la cripto-moneta virtuale, evitando così false transazioni e le cosiddette "doppie spese" (double spending).

Minare bitcoin, o bitcoin mining, significa partecipare a questo enorme database distribuito, mettendo a disposizione la potenza di calcolo del nostro computer o di un altro dispositivo dotato di processore in grado di eseguire calcoli complessi (hashing). Il software al momento del download, necessita di almeno 60 GB di spazio libero, in quanto si scaricherà l'intero Blockchain.

Il motivo per cui una comunità sempre crescente ha deciso di partecipare al progetto Bitcoin predisponendo i propri PC per il mining dei bitcoin, è molto semplice: ogni volta che una transazione va a buon fine grazie al lavoro dei miners, questi vengono ricompensati con Bitcoin nuovi di zecca!

Voglio essere sincero: la ricompensa è davvero molto scarsa. Si calcoli che un utente con un pc non molto potente potrebbe guadagnare circa 2 euro all'anno con il rischio di dover sostituire processori e ventole a raffica per il continuo uso della macchina senza contare la rete internet, il consumo energetico ed il tempo dedicato a questa operazione. Quindi, a meno che non si abbia la possibilità di acquistare processori di grande potenza utilizzati appositamente per il bitcoin mining e passare giornate intere condividendo il progetto di Nakamoto, direi che è una strada da non percorrere.

La vostra curiosità è forte. Ne sono sicuro. Quindi vi lascio il link dove potrete scaricare il vostro software bitcoin e provare a giocare al minig sognando la villa al mare, auto di lusso e viaggi spaziali.

https://bitcoin.org/it/

4.2 Shopping nel Deep web

Fare la spesa nel deep web per molti utenti ha un solo scopo: Acquistare cannabis.

Questa la statistica delle maggiori transazioni effettuate nel deep web nel 2016:

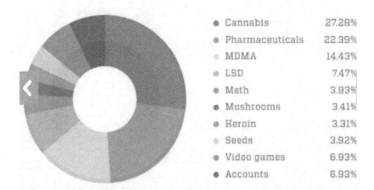

● Cannabis	27.28%
● Pharmaceuticals	22.39%
● MDMA	14.43%
● LSD	7.47%
● Meth	3.93%
● Mushrooms	3.41%
● Heroin	3.31%
● Seeds	3.92%
● Video games	6.93%
● Accounts	6.93%

Come potete notare, la droga è la regina del mercato. Non avevamo dubbi vero? Sul deep web si vince facili, direbbe una nota azienda italiana. Droga spedita direttamente a casa, in anonimato e con transazione non tracciabile.

Il gioco, sembra semplice ma, come già accennato precedentemente, non è oro tutto ciò che luccica. Non sarò certo io a farvi la predica sui danni provocati dalla droga, ma per etica professionale devo informarvi che potrebbero esserci conseguenze penali per eventuali acquisti di droga e merce dalla provenienza illecita venduta nel deep web.

Un caso a noi già noto e finito con l'arresto e la condanna all'ergastolo:

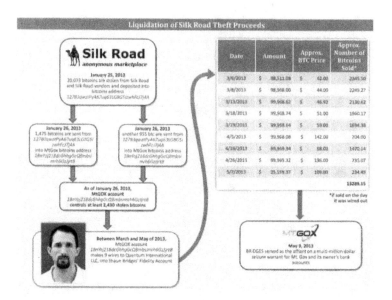

Ricordatevi sempre che non siete soli laggiù.

Capitolo 5 LA CRIPTO-GUERRA 2.0

5.1 Operazione Onymous

L'operazione Onymous nasce da un'intensa attività di investigazione dell'FBI ma con la sinergia di altre forze di polizia internazionali. Nell'ottobre del 2014 oltre 400 siti anonimi del deep web, sono stati chiusi e 17 persone arrestate.

Grazie a questa operazione è stato rimosso Silk Road 2.0, bersaglio principale delle forze di polizia di tutto il mondo e come già indicato nei paragrafi precedenti, con una condanna esemplare, l'owner del sito si è beccato l'ergastolo. L'operazione ha incluso altrettanti siti di mercato illegale di droga, armi e siti pedopornografici.

Questa operazione, scatenò l'ira degli utenti onesti della rete TOR e lo stesso Andrew Lewman, direttore esecutivo del progetto TOR rispondeva sul come avessero fatto ad intercettare i siti illegali in questo modo:

"Non lo sappiamo. Nelle democrazie liberali (si fa riferimento a quella statunitense, ndR) ci si dovrebbe attendere che quando arriva il momento di perseguire qualcuno dei diciassette elementi tratti in arresto la polizia spieghi al giudice come i sospettati sono divenuti tali e, come effetto collaterale dell'operazione, Tor potrebbe apprendere se vi sono state falle nei servizi "nascosti" o altri elementi critici nei servizi connessi a Internet [...]. Purtroppo le autorità non hanno spiegato come hanno proceduto per individuare i servizi nascosti."

HOME | ARCHIVES | AB

Thoughts and Concerns about Operation Onymous

Posted November 9th, 2014 by phobos in hidden services, operation onymous, seizures, tor project

What happened

Recently it was announced that a coalition of government agencies took control of many Tor hidden services. We were as surprised as most of you. Unfortunately, we have very little information about how this was accomplished, but we do have some thoughts which we want to share.

Over the last few days, we received and read reports saying that several Tor relays were seized by government officials. We do not know why the systems were seized, nor do we know anything about the methods of investigation which were used. Specifically, there are reports that three systems of Torservers.net disappeared and there is another report by an independent relay operator. If anyone has more details, please get in contact with us. If your relay was seized, please also tell us its identity so that we can request that the directory authorities reject it from the network.

But, more to the point, the recent publications call the targeted hidden services seizures "Operation Onymous" and they say it was coordinated by Europol and other government entities. Early reports say 17 people were arrested, and 400 hidden services were seized. Later reports have clarified that it was hundreds of URLs hosted on roughly 27 web sites offering hidden services. We have not been contacted directly or indirectly by Europol nor any other agency involved.

Tor is most interested in understanding how these services were located, and if this indicates a security weakness in Tor hidden services that could be exploited by criminals or secret police repressing dissents. We are also interested in learning why the authorities seized Tor relays even though their operation was targetting hidden services. Were these two events related?

Sempre Andrew Lewman, dichiarava inoltre alla BBC, che la polizia avrebbe un po' "gonfiato" la propria capacità di individuare elementi nascosti in quella rete.

Resta comunque il fatto che l'operazione ha avuto successo e i giudici non hanno minimamente esitato nell'irrogare le condanne.

Da quest'episodio di mera cronaca c'è una "lezione" da trarre, ovviamente, ed è quella della quantità di fiducia che si ripone in strumenti del genere. TOR è un sistema intelligente, è concepito in modo da rendere difficile l'individuazione delle entità che ad esso fanno riferimento come "elementi periferici".

Difficile, però, non equivale a impossibile. Escludendo l'ipotesi che tra chi legge vi sia chi è interessato a tali strumenti per compiere attività illegali, resta però la possibilità che vi sia chi, invece, molto più "onestamente", pensa di potersene servire per scambiare dati riservati, nella certezza che nessuno sarà in grado di intercettarli. Quest'ultimo, è il vero scopo della rete TOR.

Questo fu l'evento che scatenò una guerra tra i mondi.

L'inizio della "Cripto-Guerra 2.0"

Così l'ha definita Matthew Prince, CEO di CloudFlare, azienda di sicurezza web, e poi da Phil Dunkelberger, cofondatore del provider di software di crittazione PGP Corporation.

Le forze di Polizia hanno sferrato un attacco a centinaia di siti Onion, perseguitando tutti quelli che non hanno ritenuto essere accettabile. Tra questi, sicuramente "Doxbin" un sito che conteneva informazioni personali, come indirizzi e numeri di telefono, e PinkMeth, un sito di "revenge porn.".

Doxbin nasce come sito di condivisione di dati e immagini personali di utenti che hanno subito attacchi di ingegneria sociale o furti di identità sui social network. Il sito gestito da un Hacker molto conosciuto nel deep web "Intagir" accusato più volte dagli utenti c.d. "onesti" di permettere la pubblicazione di foto pedopornografiche e di conseguenza l'uso delle stesse per scopi illeciti.

Una sera in un forum ho cercato di capire quale fosse il pensiero della maggior parte degli utenti sul caso "Intagir", "Black night", un utente, mi rispose che "intagir" non era il vero proprietario ma, che dietro "doxbin" si nascondeva un altro hacker molto famoso nella comunità oscura "Nachash".

Certo il nick scelto da questo hacker non lasciava presagire nulla di buono. L'antico testamento definiva Nachash il serpente, alcune tesi rappresentano lo stesso come Lucifero.

Colsi l'occasione per capirne di più su come gli utenti della comunità doxbin integravano con l'enorme database di documenti personali per capirne anche lo scopo. Black night fu alquanto evasivo ma prima di salutarci, mi disse che "la guerra alle forze di polizia " era appena cominciata". La cripto guerra 2.0 era dunque una rivoluzione generale contro l'oppressione alla dark net c.d. onesta.

Doxbin nell'ottobre 2014, ha ospitato dati personali relativi a Katherine Forrest, giudice federale responsabile della sentenza che condannò il proprietario di Silk Road. "Ross William Ulbricht" aka Dread Pirate Roberts, oltre ad una serie di minacce di morte verso il Giudice Federale.

Il sito Doxbin il 24 maggio 2015 venne chiuso dall'FBI o come detto in gergo "The site has been down". Noterete molte volte questa definizione nel deep web in particolare affianco a molti link sulla main page di Hidden Wiki per identificare l'operatività o meno di un sito.

Questa è la home page attuale di Doxbin:

5.2 Hard candy

La prima volta che sentì parlare di hard candy, mi venne in mente il film di Davide Slade, un thriller che raccontava la storia Hayley Stark una ragazza di quattordici anni dall'aspetto innocente che si dimostrava molto più matura dei suoi coetanei: passava il suo tempo leggendo i romanzi di Zadie Smith e l'autobiografia di Jean Seberg, e frequentava anche le chat, dove

81

un giorno conobbe il trentenne fotografo Jeff. L'incontro, per il fotografo, che inizialmente sembrava la portasse ad una romantica serata a due, si trasformò in un incubo, perché dietro la sua aria innocente Hayley nascondeva la volontà di trovare l'assassino pedofilo di una sua amica scomparsa tempo prima. La ragazza quindi stordì il fotografo con una droga e cominciò a torturarlo per fargli ammettere di essere il mostro che stava cercando.

Probabilmente sbagliai, ma in effetti un palese collegamento con l'argomento che sto per descrivere c'era.

Con hard Candy vengono battezzati i siti pedopornografici esistenti nel deep web. Migliaia di utenti si iscrivono ed interagiscono tra di loro in questi luoghi di perversione, dove lo scopo primario è la condivisione ed il successivo download di foto e video hard. Non vi sono regole da rispettare, non vi sono limiti. Condividono le loro fantasie, impulsi sessuali o comportamenti ricorrenti ed intensamente eccitanti sessualmente, che in generale possono riguardare oggetti inanimati, comportare la sofferenza o l'umiliazione di se stessi o del partner o coinvolgere persone non consenzienti o bambini. In un libro del 1905, "Tre saggi sulla teoria sessuale", Sigmund Freud definiva la perversione sessuale come il negativo, l'opposto della nevrosi. Le perversioni sessuali sono definite oggi con il termine di parafilie.

Le parafilie assumono carattere di patologia quando i comportamenti, i desideri sessuali o le fantasie diventano pervasive nella vita del soggetto, provocando un disagio significativo sul piano dell'adattamento sociale e lavorativo. Tutti gli individui cosiddetti normali hanno delle fantasie e mettono in atto delle pratiche sessuali che potrebbero apparentemente sembrare "perverse" però il tutto è integrato in una struttura personologica e comportamentale normale. La

82

linea tra normalità e patologia nella sessualità è sempre legata a comportamenti che non siano compulsivi e, soprattutto, che prevedano il consenso reale dei partner sessuali.

(Antonio Miscia Psicologo).

Il profilo degli utenti attratti da questi siti è sicuramente argomento vasto e complesso che non può essere affrontato in questa sede. Trattasi di patologie serie, con un exploit violento verso esseri innocenti. La vasta rete hard candy comprende siti che hanno per oggetto uomini e animali, uomini e bambini, violenze domestiche tra genitori e figli. L'impresa dell'Hard Candy dopo quella della cannabis è quella che frutta di più nel deep web. Gli amministratori dei siti, assolutamente anonimi, postano le modalità di interazione: pagamenti sicuri e anonimi con bitcoin e modalità sicure per rendere ancora più sicure le transazioni. Praticamente si acquistano fantasie sessuali.

Girovagando su alcuni forum, trovai questo messaggio inquietante che traduco in italiano per meglio comprenderne il contenuto:

"ciao, io e il mio cane, abbiamo passato ore a cercare caramelle sul deep web ma senza risultati. Ho trovato alcuni siti che mi chiedevano la possibilità di offrire loro la mia caramella dura ma ne sto cercando alcuni dove è possibile offrirla gratuitamente ed in inglese. Mi riferisco ad una caramella dura che può essere masticata e succhiata."

I venditori di caramelle sono gli impresari di questo losco settore.

Riuscite ad immaginare l'utente autore di questo post?

Mi sono lasciato andare alla mia vena investigativa ed ho trovato il soggetto. "Nulla è impossibile se sai cercare" avrebbe detto il mio mentore anni fa durante le lezioni di OSINT.

Ho cercato il suo nick name collegandolo a molteplici parole inerenti l'argomento, una metodologia simile al text-mining* – data-mining e dopo qualche minuto, l'ho trovato.

nillythejew ▾

dazed & confused
smoke two joints in the mornin
smoke two more at night
(jfam friendly)

Il soggetto non ha dubbi. Si definisce "dazed & Confused". Stordito e confuso. Fuma due canne la mattina e due anche la notte. Con ogni probabilità, cerca di sopprimere con droghe leggere le fantasie perverse.

Gli oscuri passeggeri del deep web sono viaggiatori onesti che condannano le comunità "hard candy". Questo non è un limite anzi una regola.

Anonymous condanna le comunità Hard Candy.

*Il Text Mining consiste nell'applicazione di tecniche di Data Mining a testi non strutturati (agenzie stampa, pagine web, e-mail, ecc.) e più in generale a qualsiasi corpus di documenti, allo scopo di:

- individuare i principali gruppi tematici

- classificare i documenti in categorie predefinite

- scoprire associazioni nascoste (legami tra argomenti, o tra autori, trend temporali, ...)

- estrarre informazioni specifiche (es: nomi di geni, nomi di aziende, ...)

- addestrare motori di ricerca

- estrarre concetti per la creazione di ontologie (ontology learning).

Un processo di Text Mining si struttura generalmente in tre fasi:

1. indicizzazione

2. mining

3. valutazione.

Nella fase di indicizzazione viene effettuata la parte di analisi linguistica e tutto ciò che serve per arrivare ad una rappresentazione vettoriale del documento. In particolare l'identificazione (POS tagging) e la selezione dei termini, la lemmatizzazione, la ponderazione, la definizione delle stop-words, l'integrazione con eventuale meta-informazione.

Ai documenti così trasformati, nella fase di "mining"(2.) viene applicato un algoritmo di Data Mining specifico per l'obiettivo da raggiungere. Generalmente si tratta di un algoritmo di clustering (per il raggruppamento tematico), oppure di un algoritmo di machine learning (per la classificazione automatica).

Infine la fase di valutazione(3.) consiste nel calcolo di misure di efficacia e/o nell'interpretazione dei risultati ottenuti.

5.3 Operazione Darknet

Anonymous, gruppo di attivisti, uniti contro ogni forma di censura e contro i dittatori, i violatori dei diritti umani, i distruttori dell'ambiente e anche contro aziende private, il 14 ottobre scorso hanno individuato una sezione denominata Hard Candy sul sito Hidden Wiki ospitato sui server di Freedom Hosting. I proprietari si sono rifiutati di rimuovere i contenuti illegali, per cui Anonymous ha disattivato tutti i servizi. Freedom Hosting ha in seguito ripristinato le copie di backup e a questo punto gli hacker hanno cancellato tutto il materiale pedopornografico dai server.

Questo il messaggio pubblicato su Pastebin:

"I proprietari e gli operatori di Hosting Freedom sostengono apertamente la pornografia infantile, permettendo ai pedofili di visualizzare bambini innocenti, mettendoli a rischio di rapimenti, molestie, stupri e morte. (…) Noi continueremo a mandare in crash questo hosting e qualsiasi altro server che contenga, promuova o sostenga la pornografia infantile."

Un pastebin, anche conosciuto come nopaste, è un'applicazione web che permette agli utenti di inviare frammenti di testo (in gergo paste, dall'inglese incollare), di solito codice sorgente, per la visualizzazione pubblica. È molto popolare nei canali IRC. In internet sono presenti molti servizi pastebin, che forniscono caratteristiche diverse e su misura per ogni tipo di necessità.

Esempio di Pastebin

Anonymous non solo ha cancellato oltre 100 GB di video e immagini, ma ha anche pubblicato i nomi di 1.589 pedofili che frequentano Lolita City, uno dei maggiori siti di pornografia infantile, invitando le autorità di polizia a investigare su queste persone. L'operazione venne chiamata DARK NET OPERATION.

5.4 Operazione Nessun dorma

Degno di nota, l'operazione Nessun dorma. Dopo la segnalazione di Anonymous il 10 Novembre 2012 la Polizia Postale della Campania porta al ritrovamento di un archivio contenente cinque milioni di file di materiale pedopornografico ad oggi la più grande raccolta mai sequestrata nel contrasto allo sfruttamento della pornografia minorile in Italia, e ad una decina di arresti in sette regioni italiane (Campania, Lombardia, Umbria, Lazio, Piemonte, Veneto e Liguria).

Il materiale era ben catalogato e suddiviso in sezioni. Nella parte denominata "soft" erano archiviate immagini di bambini nudi; in quella "hard" c'erano le violenze; nella sezione "hurt" i documenti relativi alle violenze sessuali e torture mentre in quella denominata "death" le apparenti uccisioni dei bambini violentati.

5.5 Identikit del "cyberpedofilo"

In rete il contatto con un eventuale/presunto cyber pedofilo, deve essere effettuato sotto copertura , undercover, cercando di attuare le metodologie di ingegneria sociale attirando il criminale nella rete, fingendosi un eventuale preda, analizzando i punti deboli che nella relazione virtuale possono diventare chiari riferimenti per acquisire la fiducia del cyber pedofilo. Eventualmente, è possibile attirare il criminale, fingendosi di avere interessi comuni e strappando commenti su esperienze personali con adolescenti, ottenendo informazioni relative alla sua devianza. L'ipotesi della preda e del criminale, eventualmente seguita da un esperto (psicologo) si conclude con l'incontro off-line c.d. Groomer. La maggior parte dei pedofili in rete, negli ultimi anni ha modificato il proprio modus operandi, la strategia dell'incontro off-line è diminuita, mentre si è diffusa nel settore ed in particolare attraverso la rete TOR, la condivisione di file video, immagini provenienti da realtà degradate dove vengono rappresentati reali atti di violenza su minori da parte di familiari e non.

Il file-sharing, effettuato in anonimato sula rete TOR, viene ordinato su commissione dal pedofilo, con eventuali richieste fatte all'orco – una realtà digitale – vista nel film "hostel" dove soggetti della borghesia di tutto il mondo, pagava per poter partecipare o assistere ad una violenza e la relativa condanna di una preda. Il cyber pedofilo è generalmente maschio, nel 60% dei casi è un under 50, con un livello d'istruzione medio-alto, sposato con figli. Persone all'apparenza normali che, in parte, potrebbero essere definiti dalla Criminologia moderna, criminali organizzati, ma restano comunque dei criminali seriali che archiviano come un tesoro, le immagini e i video che rappresentano la collezione della loro devianza e della loro perversione. Non è semplice stilare un profilo generale in quanto ogni soggetto agisce secondo le proprie possibilità sia economiche sia ambientali e in molti casi furtivamente per non essere eventualmente scoperto dai propri conviventi. Sicuramente, il rischio di recidiva è molto alto in quanto questi soggetti non sentono rimorso e sono tutti attratti dal ripetere sempre le stesse esperienze e le stesse azioni proprio come un vero collezionista. Questi atteggiamenti, potrebbero portare alla luce, nel tempo, la possibilità di farsi scoprire o a commettere qualche errore dovuto proprio alla fame di perversione che è tipica del delinquente seriale.

Capitolo 6 IL MERCATO DELLE ARMI

6.1 Il collezionista di armi

Liam Lyburd un ragazzo di 19 anni di Newcastle il 14 luglio del 2015 fu arrestato e condannato all'ergastolo con un'unica concessione, di poter chiedere solo dopo 8 anni la condizionale.

Il giovane, dopo una soffiata pervenuta al dipartimento di polizia di Newcastle, è stato colto in flagranza con un vero arsenale di armi nel proprio appartamento nella piccola città di Newcastle. Successivamente, le indagini hanno portato alla scoperta del vero arsenale che il giovane britannico nascondeva sotto il proprio giardino a qualche metro dalla superficie.

Le armi, acquistate sul mercato nero del deep web, furono acquistate da Liam per portare a termine il progetto che da anni cospirava di un attentato alla Newcastle College, la sua ex scuola (prima che venisse espulso). Una vendetta studiata tra i siti del mercato nero delle armi presente nel deep web. Ore di navigazione, manuali di piccoli marines, istruzioni per la costruzione di ordigni bellici, questo, era diventato il vero

92

obiettivo di Liam, la costruzione e l'acquisto di armi per sterminare coloro che gli avevano chiuso le porte del college per sempre.

Gli investigatori, dopo un'accurata perizia   forense al computer del giovane, trovarono un messaggio cancellato che delineava in sintesi l'estremo atto, che da li a poco avrebbe commesso.

"Mi avete rovinato la vita, non aspettatevi pietà da parte mia. Nessuno mi manca di rispetto e la passa liscia. Vi darò una piccola lezione sul rispetto con la mia 9mm. La fantasia diventerà realtà. Delle persone moriranno, non c'è dubbio".

Come vengono acquistate le armi sul mercato nero?

Il dove lo abbiamo compreso. Il deep web, come già accennato nei paragrafi precedenti è il gran bazar dell'illecito. Siti anonimi che offrono armi e manuali di costruzione delle stesse, li troviamo utilizzando "torch" e qualche volta anche con "grams".

Tra i più rinomati cito senza ombra di dubbio "The Armory" ma anche "Armory", "BMG Black Market Guns" hanno il loro pezzo di mercato. Ci sono forum su hidden wiki che ti accompagnano direttamente nelle mani di questi imprenditori dalle mani sporche. Fortunatamente, dopo le numerose indagini del Interpol, molti utenti trovano "scam", ossia truffe pianificate. L'utente che anticipa considerevoli somme di denaro per acquistare fucili o armi di grosso calibro, spesso vede i propri Bitcoin sparire nel nulla senza ricevere niente in cambio.

Il come, è semplice: ci si connette al sito, si sceglie l'arma e si acquista con il proprio account bitcoin. Lo scambio è spesso finalizzato tramite un accordo di "escrow", un acconto di garanzia presso una terza parte che permetta di tutelare le controparti (specie l'acquirente) da un'eventuale truffa. I metodi di spedizione delle armi sono molteplici e solitamente segreti. In caso di spedizione continentale o a breve distanza, i venditori si affidano a corrieri di fiducia; altrimenti le armi da fuoco vengono ripulite da polveri e gas al fine di impedirne la rilevazione chimica, smontate e spedite insieme ad altri materiali con densità tale da superare i controlli a raggi X. Come si legge su uno dei siti citati, i pagamenti sono sicuri e anonimi e i pacchi possono essere consegnati, o a dei "dead drops", cioè "drop point" non intestati al destinatario né al mittente che non richiedono interazione fra il venditore e il compratore, o direttamente all'indirizzo di domicilio del compratore.

La terra di mezzo è diventata un canale preferenziale per molti scambi illeciti, pur essendo stata concepita come strumento per garantire la riservatezza delle comunicazioni degli operatori di intelligence o per dare libertà di espressione on-line nei Paesi in cui proprio tale libertà viene osteggiata. Se il mercato della droga continua ad avere una certa floridezza, quello delle armi è un tantino in declino. Parlo di armi, quelle con munizioni, perché nel deep web da qualche anno si acquistano anche altre armi le c.d. "cyber-weapons".

6.2 Cyber-weapons

"Un'apparecchiatura, un dispositivo ovvero un qualsiasi insieme di istruzioni informatiche utilizzato all'interno di un conflitto tra attori, statali e non, al fine di procurare anche indirettamente un danno fisico a cose o persone, ovvero di danneggiare in maniera diretta i sistemi informativi di un obiettivo critico nazionale del soggetto attaccato".

95

(Istituto Italiano di studi strategici – Stefano Mele Giugno 2013)

La definizione è chiara e brillante. La Cyber-weapons è l'arma del futuro. L'ex presidente degli Usa Barak Obama, già in un documento del maggio 2009 indicava negli attacchi cibernetici la principale minaccia alla nazione e all'economia del paese. Questa affermazione è stata tradotta in una duplice indicazione operativa: aumentare la resilienza dei sistemi informatici e ridurre le minacce. "La seconda indicazione, tradotta dal "politichese", significa eliminare i nemici", ha spiegato Nicola Mugnato, head of Cyber Security di Finmeccanica.

La conferma che sia questa la giusta interpretazione viene dal progetto "the bug" (diventato poi noto come Stuxnet) un progetto di attacco per bloccare le attività di arricchimento dell'uranio dell'Iran avviato nell'era Bush e portato a termine dall'amministrazione Obama.

Stuxnet è un virus informatico appositamente creato e diffuso dal Governo statunitense (nell'ambito dell'operazione "Giochi Olimpici", iniziata da Bush nel 2006, che consisteva in un "ondata" di "attacchi digitali" contro l'Iran) in collaborazione col governo israeliano. Lo scopo del software era il sabotaggio della centrale nucleare iraniana di Natanz. In particolare, il virus doveva disabilitare le centrifughe della centrale, impedendo la rilevazione dei malfunzionamenti e della presenza del virus stesso. Stuxnet colpiva i PLC, componenti hardware programmabili via software fondamentali per l'automazione degli impianti della centrale, in particolare quelli adibiti al controllo delle centrifughe (utilizzate per separare materiali nucleari come l'uranio arricchito). La caratteristica che ha colpito gli esperti fin dall'inizio fu il livello di sofisticazione di questo software, che dimostrava che chi aveva scritto il programma conosceva fin nei dettagli l'ambiente informatico in uso nelle centrali. Questo malware fra l'altro faceva leva su quattro vulnerabilità di Windows ancora inedite all'epoca per poi propagarsi verso il software Step7 della Siemens, informazioni che, secondo alcuni specialisti del settore, varrebbero sul mercato nero almeno un quarto di milione di dollari ciascuna.

In seguito all'infezione del virus nella centrale il programma si è diffuso al di fuori dallo stabilimento (tramite un PC portatile infetto) a causa di un errore di programmazione presente nel virus stesso, dato che Stuxnet poteva essere eseguito anche su più sistemi dotati di sistema SCADA e PLC, colpendo principalmente le aziende (e quindi in seguito le relative nazioni tra cui il Giappone, US e in Europa) da cui provenivano le attrezzature per il programma atomico iraniano venendo così scoperto e finendo poi sotto i riflettori dei media di tutto il mondo.

Nonostante la complessità dell'architettura di Stuxnet, il virus è composto da tre grandi moduli: un worm che danneggia i PLC e permette al software di auto replicarsi su altre macchine, un collegamento che mette in esecuzione le copie create dal worm e un rootkit che nascondeva il virus rendendolo non individuabile.

L'inizio del contagio da parte di Stuxnet è probabilmente avvenuto dall'interno del sistema industriale stesso tramite una chiavetta USB infetta in mano a un ignaro ingegnere iraniano: il virus si è poi propagato via rete, cercando il software industriale Step7 (realizzato dalla Siemens per controllare i PLC della centrale), modificandone il codice in modo da danneggiare il sistema facendo credere all'operatore che tutto funzionasse correttamente. *(https://it.wikipedia.org/wiki/Stuxnet)*

Senza andare troppo lontano, le indagini condotte dalla CIA hanno svelato il vero scopo dell'attacco hacker dei Russi durante le ultime fasi di propaganda elettorale negli States. Secondo l'agenzia, alcune intercettazioni, avrebbero confermato la celebrazione alla nomina del presidente Donald Trump alla poltrona della casa Bianca come una loro vittoria. La guerra cibernetica permette un tipo di guerra denominata "clean coercion". Anonima, (non sempre) pulita, dove, il numero e la raffinatezza di campagne di attacco cibernetico da parte delle nazioni continueranno ad aumentare, questo perché l'attività richiesta riduce al minimo la necessità di rischiare il personale militare o attrezzature costose. In pratica viene sostituito l'uomo al codice sorgente di un virus che si trasmette in pochi secondi, acquisendo informazioni e a volte distruggendo sistemi centrali di enti statali.

Gli attacchi cibernetici si suddividono a seconda dello scopo:

-   Attacco a infrastrutture critiche: i servizi energetici, idrici, di combustibili, di comunicazioni, commerciali e dei trasporti sono tutti potenziali obiettivi di questo genere di attacchi.

- Vandalismo Web: attacchi volti a modificare indebitamente pagine web, chiamati in gergo Deface, o a rendere temporaneamente inagibili i server (attacchi denial-of-service). Normalmente queste aggressioni sono veloci e non provocano grandi danni se l'attaccante non riesce ad avere un accesso con privilegi abbastanza elevati da permettergli di intercettare, rubare o eliminare i dati presenti sul sistema colpito.

- Intralcio alle apparecchiature (Equipment disruption): le attività militari che utilizzano computer e satelliti per coordinarsi sono potenziali vittime di questi attacchi. Ordini e comunicazioni possono essere intercettati o sostituiti, mettendo a rischio le operazioni.

- Raccolta dati: informazioni riservate ma non adeguatamente protette possono essere intercettate e modificate, rendendo possibile lo spionaggio.

- Propaganda: messaggi politici che possono essere spediti o resi disponibili in rete a scopo di coordinamento o per la guerra psicologica.

Gli attacchi cibernetici spesso creano effetti a cascata che erano al di fuori delle intenzioni originali dell'attaccante. Tuttavia, e l'analisi dei codici maligni utilizzati negli ultimi attacchi informatici sofisticati "reverse-engineering" hanno rivelato quattro caratteristiche comuni che aiutano a fornire una definizione più chiara e più utile dell'arma informatica. 1. Utilizzano rogrammi infetti (malicious programs) utilizzati per spionaggio, furto dei dati o sabotaggio; 2. la capacità di estrarre dati all'interno di un sistema senza essere rilevati per un periodo di tempo molto lungo,

3. gli hacker hanno una profonda competenza dei sistemi oggetto dell'attacco,

4. utilizzo di un particolare tipo di codice informatico per bypassare la tecnologia di protezione di sicurezza informatica.

Nel 2014 un attacco stile "cyber-weapons" ha danneggiato un'intera azienda di acciaio in Germania costringendo la stessa alla chiusura. Gli analisti hanno concluso, dopo accurate indagini che l'attacco ha avuto successo perché gli hackers avevano una certa conoscenza del funzionamento dell'impianto di acciaieria. Le tecnologie utilizzate per far fronte a questi attacchi, diventano giorno dopo giorno sempre meno affidabili anche a causa dello zero-day exploit ovvero un codice non pubblicamente noto che nel mondo hacker significa che lo sviluppatore ha zero giorni per riparare la falla nel programma prima che qualcuno la possa sfruttare.

Il collegamento, di quanto finora esposto, con la terra di mezzo, è davvero sottile. Nel deep web – terra di mezzo – o ancora più giù nella dark net, è sicuramente possibile acquistare armi, software maligni – virus – worm – noleggiare hacker ma al momento, fortunatamente direi, non è possibile acquistare uno zero day exploit. L'attività di cyber weapons è sicuramente subdola, all'interno delle agenzie di sicurezza degli stati.

Nell'oscuro web si aggirano potenziali terroristi definiti "foreign fighters" e i lupi solitari, che attingono dai siti di vendita illecita armi, per portare a termine le loro missioni. La policy della comunità degli oscuri passeggeri è contrastante con questi bazar dell'orrore. Il futuro di questi mercanti di armi non sarà più florido come prima.

6.3 Mina vagante

AN-M14 TH3 Incendiary hand grenade

Brand: Milan Army Ammunition Plant
Product Code: M14
Availability: In Stock

Price: $399.65

Available Options

* Case Size:
--- Please Select ---

Qty 1   Add to Cart   - OR -   Add to Wish List
Add to Compare

The Armory è il più grande negozio di armi presente nel deep web. Succeduto al più glorioso e rispettato (si fa per dire) sito "Black Market Reload" che ha venduto armi in tutto il mondo.

La galleria di immagini è davvero inquietante, pistole, fucili, bombe e perfino cannoni. Manuali fai da te per la costruzione e per eludere controlli agli aeroporti vengono poi segnalati all'interno di alcuni forum. Un'enciclopedia, insomma per il piccolo Rambo. Il sito richiede un minimo di spesa in bitcoin pari a circa 1050 $, e l'oggetto dei desideri della maggior parte degli utenti è sicuramente l' AK-47 kalashnikov, per il quale il sito chiede $2,800 in ribasso, se si pensa che il prezzo del listino era di $3,600.

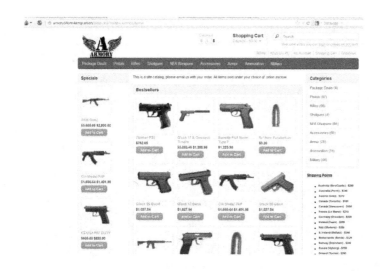

Navigando all'interno di The Armory, troviamo la sezione military, con AK-47U – versione corta – indumenti antisommossa e bombe a mano. I feedback degli utenti sono riportati su delle pagine denominate reddit che fanno del sito anonimo un sito attendibile dove le transazioni e quindi l'invio del materiale si conclude con esito positivo.

Un esempio di reddit:

Una mina vagante, cambia server dal giorno alla notte per non farsi localizzare dalle autorità internazionali. The armory ha monetizzato milioni di dollari e nel profondo web si racconta la storia di alcuni ex militari, canadesi e americani che hanno messo su questa impresa da capogiro.

Ore contate anche per loro?

"Silk road docet".

Capitolo 7 SKIMMING

7.1 Carte clonate

Lo skimming è una tecnica di clonazione che viene utilizza nei pagamenti tradizionali con carta di credito, ovvero quei pagamenti che non avvengono on line sulla rete Internet.

Ma come avviene la clonazione?

Il primo passo è quello di reclutare un individuo disposto a partecipare alla truffa; baristi, camerieri o commessi sono spesso obiettivi primari a causa del volume di carte di credito che gestiscono.

Alle reclute viene fornito un dispositivo formato tascabile con una slot di scansione, qualcosa che assomiglia a un "pager" che può essere indossato anche su una cintura, date le dimensioni. Una volta che la recluta è in possesso di una carta, non deve fare altro che strisciare la stessa nel dispositivo.

Poiché il processo richiede solo pochi secondi, può essere fatto facilmente ed in modo assolutamente nascosto.

Strisciando la carta di credito nel dispositivo, le informazioni contenute sulla striscia magnetica verranno salvate nella memoria. Queste informazioni possono poi essere copiati su una carta contraffatta, completa di ologrammi di sicurezza.

Questo dispositivo si chiama "skimmer" ed è facilmente acquistabile sul deep web.

Alcuni esempi di servizi di skimmer card:

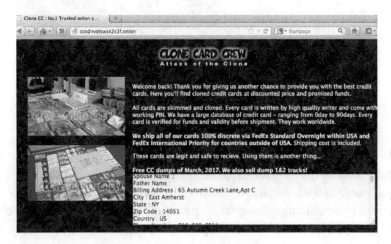

http://ccxdnvotswsk2c3f.onion/

Il sito Clone Card Crew è uno dei più visitati.

Come nei migliori siti aziendali, l'amministratore ringrazia sulla propria home i vari utenti che fanno ritorno e mette a disposizione per i prossimi ordini una carta di credito in regalo: "free CC dumps of march 2017. We also sell dump 162 trcks". Clone card crew offre servizi skimmer e probabilmente anche truffe agevolate, le truffe nel deep sono all'ordine del giorno.

Nell'immagine successiva le offerte del mese :

USA VISA CREDIT CARD BALANCE $2,000	USA VISA CREDIT CARD BALANCE $5,000	EU VISA CREDIT CARD BALANCE €5,000
Accepted at any ATM worldwide $500 daily withdraw limit!	Accepted at any ATM worldwide $1,000 daily withdraw limit!	Accepted at any ATM worldwide €1,000 daily withdraw limit!
$120 - per card	$200 - per card	$260 - per card
Order here!	Order here!	Order here!

Premium card *http://slwc4j5wkn3yyo5j.onion/*

Il prezzo delle carte varia in base alla quantità di denaro e ai giorni di disponibilità di ogni carta. Si parte da 0 giorni ma si può arrivare anche a 90 giorni. Per massimizzare al meglio il servizio acquistato, descrive il proprietario di Clone Card Crew, è necessario rispettare le regole di prelievo, che nei casi di somme residue molto elevate, dovranno essere prelevate saltuariamente a piccoli pezzi. Prelievi ingenti potrebbero essere scoperti ed innescare di conseguenza le procedure di sicurezza previste dalle società bancarie.

Le spedizioni delle carte avvengono in notturna (modalità evidentemente più sicura negli States) tramite FedEx standard in USA e FedEx International Priority per i paesi al di fuori degli Stati Uniti. Nessun costo di spedizione.

Trattandosi di carte con banda magnetica, dal 2010 il problema in parte è stato risolto in seguito all'adozione della tecnologia EMV – il microchip e il codice PIN – le transazioni bancarie all'interno dell'Unione Europea non sono più autorizzate dalla banda magnetica, ma dal microchip".

Il problema principale per le banche, spiega Laurence Binther, Europol's European Cybercrime centre è la cosiddetta 'migrazione della frode', ovvero l'utilizzazione dei dati carpiti dalla banda magnetica delle carte bancarie, in paesi che ancora non hanno adottato la tecnologia EMV, come gli Stati Uniti, l'America Latina, l'Asia e l'Africa. In questi casi i criminali utilizzano questi dati per creare delle carte bancarie contraffatte, clonate, che poi utilizzano per acquisti o prelievi fraudolenti al di fuori dell'Unione Europe.

In attesa che la tecnologia EMV sia operativa su scala globale, conclude Laurence Binther, alcune banche europee hanno optato per il 'geoblocking' la limitazione cioè dell'uso delle carte bancarie al di fuori dell'Unione Europea, ai soli casi in cui quest'ultimo venga espressamente autorizzato del titolare della carta.

Per quanto ci riguarda, problema parzialmente risolto. Sappiate che nei paesi che ritardano ad inserire la tecnologia EMV la possibilità di essere clonati è ancora molto elevata.

ALI SPEZZATE

Nel capitolo 5 ho anticipato il discorso relativo ai contenuti pedo-pornografici presenti in centinaia di siti nel deep web. Ho anche evidenziato la totale estraneità di molti utenti "oscuri passeggeri" e di vere e proprie organizzazioni, attivisti come Anonymous, che hanno, e tuttora condannano, il proliferarsi di questa ignobile attività nel dark web.

Avrei dovuto completare il viaggio nell'oscurità, traghettandovi come Caronte nell'inferno di Dante, in quel posto indicibile, inumano che purtroppo esiste e continuerà ad esistere fin tanto che esisterà l'accesso al deep web. Questo capitolo non lo scrivo. Non sarà numerato e non avrà nessuna immagine.

Ali spezzate per non volare, per non sorridere, per non giocare e crescere, come tutti i bambini hanno diritto. Ali spezzate senza avere la possibilità di capire quanto sarebbe stata bella la vita se fossero cresciute in un altro posto del mondo, lontano da orchi e criminali, lontano da immagini ed eventi che hanno reso e renderanno la loro vita una NON VITA un inferno.

Sarebbe stato faticoso e doloroso descrivere ciò che neanche Io ho avuto il coraggio di visitare e che condanno vivamente. Entrare nei siti pedo-pornografici è semplice come visto in precedenza per i siti che commercializzano droghe e armi.

Commercializzare è il termine che utilizzano questi criminali che vendono farfalle dalle ali spezzate a predatori malati. La chiusura di silk Road è stata una bomba mediatica che ha dato lustro alle forze di polizia di tre paesi del Mondo. La nostra speranza è di congratularci per la chiusura definitiva di tutti i siti che utilizzano i bambini come merce di scambio.

Capitolo 8   IL LATO BUONO DEL DEEP WEB

8.1 Voci dal buio

Evidentemente non tutto è marcio o comunque negativo. Abbiamo attraversato il deep web come fa un city bus nelle migliori capitali Europee. Abbiamo effettuato le fermate nei luoghi più caratteristici e ci siamo lasciati trasportare anche dalla fantasia.

Abbiamo immaginato di poter acquistare sul mercato del deep web qualcosa che sarebbe stato impossibile trovare nella realtà senza dover compromettersi notevolmente e violare norme ferree che ci avrebbero limitato la libertà personale. Abbiamo immaginato di poter diventare ricchi o meglio farla franca nei confronti del fisco, esibendo moneta virtuale anziché la tradizionale è povera moneta in uso. Abbiamo immaginato di acquistare il viaggio dei nostri sogni con una carta Skimming e abbiamo conosciuto gente strana sui blog di confessioni anonime.

Abbiamo immaginato.

Questo è il termine che vorrei fosse impresso in ognuno di Voi alla fine di questa lettura. Il testo è un approfondimento delle nostre curiosità, una conferma di quanto raccontato in giro. Esserci stato, anche solo per una volta e raccontare le proprie impressioni evitando di rispondere.

Cos'è il deep web?

Questo ultimo capitolo ci porta al capolinea del nostro tour con una dose di positività c'è un lato buono nel deep web che bisogna conoscere.

DEEP WEB
VOCI DAL BUIO

8.2 Censura 2.0

Il diritto di esprimere la propria opinione ha assunto inevitabilmente sfumature tecnologiche. Purtroppo non è per tutti possibile. Sei grandi paesi al mondo sono i cd - Paesi censurati – dalla tecnologia internet.

Restrizioni e filtraggi non permettono ai cittadini di questi grandi stati del mondo la possibilità di esprimersi liberamente attraverso i social.

Turchia, Iran, Pakistan, Corea del Sud, Vietnam e Cina nel 2017 sono ancora paesi sotto il controllo del filtraggio delle comunicazioni effettuate on line.

113

Le voci scomode vengono eliminate nel silenzio. Tutto cominciò con la censura 1.0 quando dal nulla siti web venivano eliminati senza nessuna informazione riguardante il loro destino. Se un sito illegale è sottoposto a sequestro da parte delle autorità, ci imbattiamo in una home-page del genere:

Guardia di Finanza
NUCLEO SPECIALE FRODI TECNOLOGICHE
Il Gruppo

SITO SOTTOPOSTO A SEQUESTRO

per violazione all'art. 171-ter comma II lettera a) bis della Legge 22/04/1941 n. 633.

i siti censurati dalle autorità in quanto scomodi si dissolveranno nel nulla senza lasciare nessuna traccia. L'indirizzo IP di quel sito non verrà più visualizzato da nessun browser, nella totale **omertà telematica** e di opinione pubblica.

Per esempio in Italia, successivamente alla proposta di "legge bavaglio" sono stati analizzati oltre 17000 mila tweet con Sentimeter:

Sentimeter, ovvero la misurazione dei sentimenti "al

centimetro", con l'accuratezza del metodo scientifico.
Sentimeter si propone di raccontare il sentimento della rete sui
temi caldi discussi sui social media cercando di anticipare o
cogliere ciò che i metodi di indagini tradizionali non sono in
grado di catturare per quantità e velocità di dati raccolti.

Sentiment

What is the big deal.

il risultato di quest'analisi ci racconta che in Italia la censura 1.0
nel 2012 viene percepita come strumento di protezione degli
interessi economici per il 25,3%, politici per il 21,3% più che
strumento per la protezione dei diritti di autore per il 10,7%. C'è

poi la l'intolleranza, strumento di protezione contro gli abusi, la paura, ed infine il moralismo.

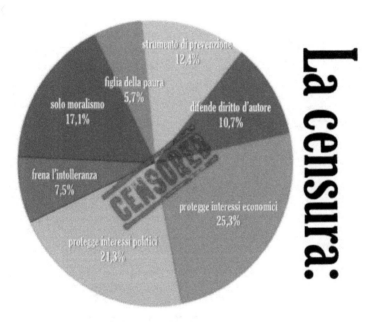

strumento di prevenzione 12,4%

figlia della paura 5,7%

solo moralismo 17,1%

difende diritto d'autore 10,7%

frena l'intolleranza 7,5%

protegge interessi economici 25,3%

protegge interessi politici 21,3%

La censura:

Immagine dal Corriere della sera. 27.08.2012
http://sentimeter.corriere.it/2012/08/27/censura-e-rete-cosa-bolle-in-pentola/

La vera paura degli internauti italiani e che questo tipo di censura si possa trasformare in un controllo totale della rete, già attuato dalla Cina e dalla Turchia, invadendo e sottraendo del tutto la protezione dei dati personali degli utenti connessi in rete e minimizzando le possibilità di libera espressione prevista dalla nostra costituzione.

« Tutti hanno diritto di manifestare liberamente il proprio

pensiero con la parola, lo scritto e ogni altro mezzo di diffusione. La stampa non può essere soggetta ad autorizzazioni o censure. » L'espressione articolo 21 si riferisce, in breve, all'articolo della Costituzione italiana dedicato alla libertà di stampa.

Cina e Turchia Censura 2.0

TURCHIA: "Oggi è internet, ma alla base di tutto questo c'è la crescente pressione da parte del governo, ormai dittatoriale", dice Ersin, uno studente, mentre, circa un centinaio di persone sono scese in piazza scandendo slogan contro la censura.

Protestano contro l'approvazione in Parlamento di una nuova norma legiferata contro la libertà di espressione su Internet, che consente alle autorità governative di bloccare siti web senza un'autorizzazione, e altre misure restrittive relative al filtraggio dei social network. I manifestanti cercano di raggiungere la

117

piazza centrale di Taksim, ma la polizia con idranti e gas lacrimogeni cercano di disperdere la massa, scatenando scontri intensi, portando all'arresto di decine di manifestanti.

Internet vs legge, la prima mossa del governo per controllare i mezzi di comunicazione, utilizzando ogni tipo di pressione, di coercizione, norme restrittive e anche l'uso dei tribunali per mettere a tacere gli elementi più critici.

L'autorità governativa per le telecomunicazioni (Tib) potrà così bloccare senza l'avvallo della magistratura i siti web che ritiene violino la "vita privata" delle persone e riportino informazioni giudicate "discriminatorie" o "calunniose" e potrà anche richiedere ai provider di fornire l'accesso ai dati di navigazione degli utenti, avendo la facoltà di conservarli nel proprio archivio per due anni.

Dopo le proteste anti-governative che hanno invaso Gezi park e l'espulsione dei giornalisti stranieri, l'analista Gareth Jenkins del MSUR ribadisce che non è più concepibile questo tipo di oppressione alle libertà del popolo turco.

il giornalista azero Mahir Zeylanov, collaboratore dell'edizione inglese di *Zaman*, è stato espulso dal paese in seguito alla pubblicazione di critiche al governo e al premier fatte su Twitter.

 Mahir Zeynalov
@MahirZeynalov

Twitter told me that it will block my account at the request of Turkey for "instigating terrorism," putting an end to my ~7-year reporting.

RETWEETS 564 LIKES 173

10:57 AM - 26 Sep 2016

564   173

Cina: Il controllo della Cina su internet è tra i più rigidi al mondo: a confermarlo Freedom House – organizzazione non governativa di controllo della democrazia con sede negli Stati Uniti – nel suo *2014 Net Report, una* relazione che spiega come la Cina applica di routine la censura per gli avvenimenti politicamente sensibili o per le notizie dell'ultim'ora. Nel territorio cinese, una serie di importanti siti internet come YouTube, Facebook, Twitter e Google, vengono oscurati.

Una condotta tipica del **regime di Pechino**, che le autorità cinesi hanno giustificato sostenendo di dover fronteggiare le numerose critiche sul loro operato mosse in tal senso da parte della comunità internazionale, tanto da essere stati costretti a introdurre il concetto di «sovranità su Internet» in base al quale, sostanzialmente, ogni paese avrebbe il diritto di controllare i materiali pubblicati *on line* all'interno dei propri confini. Una sorta di piacere "comodo" fatto dal governo cinese al resto del mondo in tutela della sicurezza internazionale. Non solo: l'amministrazione cinese per il *cyberspazio*, dal canto suo, ha osservato che le nuove regole che impongono, tra le altre cose, la registrazione degli utenti, hanno il fine di «combattere il caos generato dagli username»: Pechino ha tra l'altro specificato che molti utenti usano *nick name* inappropriati (molto diffusi anche **Putin** e **Obama**) promuovendo «la diffusione di una cultura volgare»

Chiari esempi di oppressione delle più semplici e inviolabili libertà di qualsiasi cittadino, nascoste da strategie di sicurezza internazionale e impossibile da condividere.

I numeri che spaventano più delle calunnie ai governi, sono i circa 800 milioni di utenti che da questi 5 stati hanno accesso alla rete. Nonostante ci siano restrizione obbligate, filtraggio delle comunicazioni e blocco totale di alcuni social network, in soccorso di questi utenti arrivano le tecnologie software che eludono le restrizioni tanto da portare alcuni di questi governi a dichiarare guerra alla più grande società della California nel **Silicon Valley: Google.**

Weibo È un ibrido fra Twitter e Facebook un microblogging cinese sul quale circa il 40% della popolazione cinese connessa a internet è registrata. Regole da rispettare per gli utenti già in fase di registrazione dove vige una sorta di patente a punti per condivisioni di notizie negative che il paese vieta assolutamente. Infondo qualcosa di simile esisteva già all'epoca di Mao vista e rivista dal regime nazista di Hitler che adulava il popolo tedesco con immagini vittoriose le sale dei cinema della germania durante il conflitto mondiale. Una terapia di positività verso lettori di altri paesi come strumento di forza economica e politica. Una vera strategia di Marketing.

Il lato buono del deep web è proprio questo.

Il deep web rende giustizia a milioni di utenti repressi e sottomessi a regimi dittatoriali. Il deep web è la voce che fa rumore che giunge dalla terra di mezzo, è il grido di libertà della parte buona della rete. Tor è una garanzia per tutte queste persone che vogliono comunicare aldilà del muro con fonti giornalistiche e organizzazioni mondiali per i diritti civili, inoltrando informazioni che altrimenti verrebbero bloccate.

8.3 Vera libertà di opinione

Con Tor, i cinesi i turchi e coreani e tutti possono manifestare il loro pensiero in rete.

In Italia si direbbe "fatta la legge trovato l'inganno", ma nella terra di mezzo tutto è possibile.

I social che in superficie vengono vietati, filtrati e controllati nel deep web sono totalmente liberi e difficilmente controllabili.

Facebook diventa TorBook e la grafica è davvero notevole:

L'ultima versione visitata contava almeno 30 mila iscritti da ogni parte del mondo.

L'equivalente del famoso twitter nel deep web è rappresentato da Galaxy:

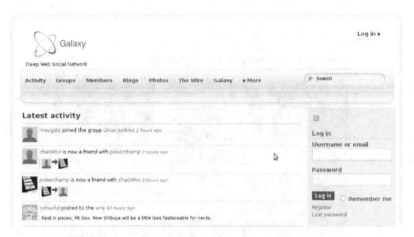

Un altro social che conta migliaia di iscritti.

La versione originale è da qualche tempo off line ma in rete sorgono come funghi versioni 2 di galaxy, che rappresentano ormai la nuova struttura di libertà di opinione di espressione più frequentata dagli oscuri passeggeri.

Tor come alternativa alla censura, al controllo del grande fratello.

Il diritto di esprimere il nostro giudizio, di esprimere la nostra opinione, di diffondere informazioni, è un diritto sancito e tutelato da carte costituzionali, e documenti storici che hanno rappresentato le conquiste dei diritti civili di ogni essere umano.

Ricordiamo tra i tanti:

Dichiarazione universale dei diritti dell'uomo (approvata dall'Assemblea generale delle Nazioni Unite il 10 dicembre 1948)

Art. 19. Ogni individuo ha diritto alla libertà di opinione e di espressione incluso il diritto di non essere molestato per la propria opinione e quello di cercare, ricevere e diffondere informazioni ed idee attraverso ogni mezzo e senza riguardo a frontiere.

Dichiarazione dei diritti dell'uomo e del cittadino (Francia 1789)

Art. 11 La libera manifestazione dei pensieri e delle opinioni è uno dei diritti più preziosi dell'uomo; ogni cittadino può dunque parlare, scrivere, stampare liberamente, salvo a rispondere dell'abuso di questa libertà nei casi determinati dalla Legge.

Dichiarazione universale dei diritti dell'uomo (approvata dall'Assemblea generale delle Nazioni Unite il 10 dicembre 1948)
Wikipedia:

La dichiarazione è frutto di una elaborazione umana centenaria, che parte dai primi principi etici classico-europei e arriva fino al Bill of Rights (1689), alla Dichiarazione d'indipendenza statunitense (4 luglio 1776), ma soprattutto la Dichiarazione dei diritti dell'uomo e del cittadino stesa nel 1789 durante la Rivoluzione Francese, i cui elementi di fondo (i diritti civili e politici dell'individuo) sono confluiti in larga misura in questa carta.

Soprattutto per questo esiste il lato buono del deep web.

CONCLUSIONI

Il nostro viaggio termina qui. Ci siamo imbattuti senza paura nella terra di mezzo e ne siamo usciti certamente con un bagaglio di esperienza maggiore. Abbiamo conosciuto il bello e il brutto della Dark Net, consapevoli del pericolo e delle opportunità che ci sono balzate avanti come cavallette impazzite. Questo vasto mondo è certamente navigabile con le giuste dotazioni di sicurezza, come farebbe una barca a vela in procinto di attraversare l'oceano in condizioni meteo sfavorevoli. Un buon marinaio non sfida il mare in tempesta, lo rispetta. Questo è l'unico vero requisito da evidenziare nel vostro percorso. Rispetto e cautela nell'affrontare una terra insidiosa. L'uso delle informazioni raccolte hanno sicuramente un valore diverso da quelle che quotidianamente troviamo sul web di superficie. L'attenzione all'uso deve essere maggiore in quanto le fonti non sono mai sicure/attendibili, ma nonostante ciò, possono diventare fonte di spunto per nuove e più attendibili ricerche. Informazioni grezze che vengono pubblicate da ignoti ma che hanno una validità certificata dallo stesso documento –

documenti top secret Militari – possono essere fonte di nuove ricerche ma l'uso delle stesse potrebbero avviare procedure legali per nulla simpatiche. Il deep web come fonte di ricerca iniziale o integrativa ma non definitiva. Il mio prossimo testo ci porterà in superficie in un percorso di investigazione digitale. Raccoglieremo informazioni dai siti web, dagli account dei social network, scopriremo come tracciare un account di posta elettronica per evitare il pishing, analizzeremo soggetti giuridici e persone fisiche, e tanto altro ancora per confrontarli con ulteriori ricerche effettuate, per giungere all'unico elemento che nel sistema giudiziario è efficace: La prova.

Si parlerà quindi dell'open source Intelligence.

Ora godetevi questo tour nella terra di mezzo sperando che il tutto sia stato abbastanza chiaro.

Buon viaggio oscuri passeggeri.

DARK BOOK

I dieci comandamenti

I dieci comandamenti sono un regalo ai miei lettori. Scrivere un libro, un testo un racconto è qualcosa di molto personale e non sempre chi scrive riesce a trasmettere tutto ciò che vorrebbe. Ci si lascia andare, come per le vie di un centro storico di una città mai visitata, dimenticando di segnare su un post-it le informazioni utili da conservare su una mappa. Ma forse è proprio quello il bello del viaggiare spensierati senza forzature e senza filtri. Per non avere nessun rimpianto i miei dieci comandamenti del deep web non sono regole ma sono i 10 luoghi più interessanti da visitare suddivisi in categorie e rappresentati dai migliori siti per ognuna di esse. Buon viaggio e non dimenticate di fare sempre attenzione a ciò che fate in quanto sarete sempre e solo voi responsabili di eventuali reati commessi in rete.

1) Books

- *Imperial Library - http://xfmro77i3lixucja.onion/*

- *The Tor Library - http://am4wuhz3zifexz5u.onion/*

- *Jotunbane's Reading Club - http://c3jemx2ube5v5zpg.onion/*

- *The Audiobook Vault - http://xmctuxj7dsymumwf.onion/*

- *The Anarchism Library - http://4zeottxi5qmnnjhd.onion/*

2) Music

- *Lolicore Archive - http://lolicore75rq3tm5.onion/*

- *Deep Web Radio - http://76qugh5bey5gum7l.onion/*

- *Lossless Audio Files - http://wuvdsbmbwyjzsgei.onion*

- *The Promo Bay - http://uj3wazyk5u4hnvtk.onion/*

- *Lol 20th Century Music - <u>http://vt27twhtksyvjrky.onion/</u>*

3) Hacking

- *Code Green - http://pyl7a4ccwgpxm6rd.onion/*

- *Strategic Intelligence Network:*

  http://4iahqcjrtmxwofr6.onion/

- *Anarplex - http://y5fmhyqdr6r7ddws.onion/*

- *Hack The Planet - http://chippyits5cqbd7p.onion/*

- *ParaZite - http://qx7j2selmom4ioxf.onion/*

- *CAS Lab – http://xtyazgdnzt6acu3g.onion*

4) Hosting & Servers

- *TorWeb - http://torwebpa6vb7icfm.onion/*

- *Real Hosting - http://hosting6iar5zo7c.onion/*

- *Cyruserv - http://cyruservvvklto2l.onion/*

- *Onionweb Filehosting - http://3fnhfsfc2bpzdste.onion/*

- *Tor Web Developer - http://qizriixqwmeq4p5b.onion/*

- *Deep Web Hosting - http://hostie65cxwr4tza.onion/*

- *Hidden Hosting - http://offshore6gq7ykr7.onion/*

- *Home Hosting - http://dmru36nvfgtywx47.onion/*

- *Prometheus Hidden Services - http://prometh5th5t5rfd.onion/*

- *Tor Safe - http://torsafeiwttlkul6.onion*

- *Infernet Dark Hosting - http://infnet7z5rpm7lyr.onion/*

- *Media Crush - http://mediacrs5ujufxog.onion/*

5) Email, Chat and Messaging

- *Sigaint - http://sigaintevyh2rzvw.onion/*

- *Lelantos - http://lelantoss7bcnwbv.onion/*

- *Mail2Tor - http://mail2tor2zyjdctd.onion/*

- *Tor Box - http://torbox3uiot6wchz.onion/*

- *Onion Chat - http://chatrapi7fkbzczr.onion/*

- *One Time Dead Drop - http://yoewa2oiuuducqb5.onion/*

- *Onion Mail - http://iir4yomndw2dec7x.onion/*

- *Sin Box - http://sinbox4irsyaauzo.onion/*

- *Bitmessage - http://bitmailendavkbec.onion/*

- *VIKI - http://opnju4nyz7wbypme.onion/*

6) Chans and Usenet

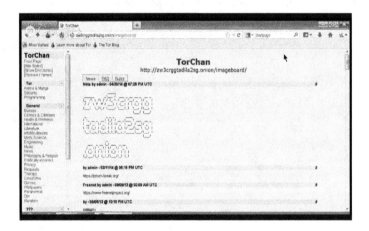

- *Tor Chan - http://zw3crggtadila2sg.onion*

- *Loekchan - http://loekchan3kvr6cw6.onion/alle/*

- *Fair News Server - http://fairnewsfesuehoh.onion/*

- *News Group File Search - http://wbyi72yt6gitdcqd.onion/*

- *Overchan Slamspeech - http://slamspeechicukxu.onion/*

- *Overchan Lolz - http://lyp6sf5tzd6mbnmc.onion/*

- *News Blur - http://vysooftouvo2bl3.onion/*

7) Forums

- *Galaxy Social Network - http://hbjw7wjeoltskhol.onion/*

- *Intel Exchange - http://rrcc5uuudhh4oz3c.onion/*

- *Farmer1 - http://j7e3cdweprxfhfgn.onion/*

- *Silk Road Forums - http://silkroad5v7dywlc.onion/*

- *AnonGTS - http://ocu3errhpxppmwpr.onion/*

- *Black Market Data - http://jppcxclcwvkbh3xi.onion/*

- *Youth Rage - http://ytragesvng2p4c5v.onion/*

8) Informational and News

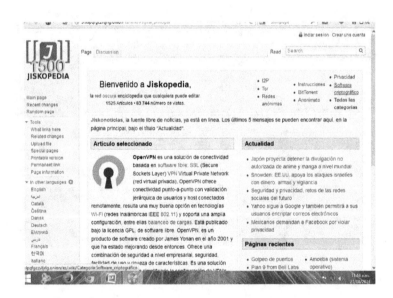

- *Jiskopedia: Dark Web Encyclopedia*
  http://5nklpqfgczvtjrlg.onion/

- *The Exchange of Information - http://aokcndqikqjyiuwr.onion/*

- *Uncensored Hidden Wiki - http://kpvz7kpmcmne52qf.onion/*

- *Wiki Tor - http://wikitor74em2u6rq.onion/Main_Page*

- *Anon Net - http://xz2rtmpjjwvdw44p.onion/*

- *Onion Up - http://onionuptst6up7n2.onion/*

- *Save the Sea Kittens - http://wtwfzc6ty2s6x4po.onion/*

- *KavKas Center - http://2r2tz6wzqh7gaji7.onion/*

- *Onion Soup - http://soupksx6vqh3ydda.onion/*

- *Wikileaks - http://zbnnr7qzaxlk5tms.onion/*

- *Wikileaks (alternative mirror site) - http://jwgkxry7xjeaeg5d.onion/*

9) Search Engines and Directories

- DuckDuckGo - http://3g2upl4pq6kufc4m.onion/

- Onion Wiki - http://cu7yjdxqw37yjv5n.onion/

- Torch - http://xmh57jrzrnw6insl.onion/

- Tor Search - http://kbhpodhnfxl3clb4.onion/

- "A list of 26000+ links! -
  http://bdpuqvsqmphctrcs.onion/sources_page.html

10) More Resources

- Aktrivix - http://o27tzesdxmoxybj3.onion/"

- BB Compendium - http://nope7beergoa64ih.onion/"

- Deepsec - http://kwv7z64xyiva22fw.onion/

- Encryption Password Generator - http://pwgenmwi7eqsys76.onion/

- Lucky Eddies Home - http://4fvfamdpoulu2nms.onion/

- No Reason - http://fkyvwpu7ccsorke2.onion/

Indice

BIBLIOGRAFIA

Geller, J., Chun, S. A., & Jung, Y. (2008). Toward the semantic deep web. Computer, 41(9), 95–97. https://doi.org/10.1109/MC.2008.402

Wright, A. (2008). Searching the deep web. Communications of the ACM, 51(10), 14. https://doi.org/10.1145/1400181.1400187

Madhavan, J., Ko, D., Kot, \Lucja, Ganapathy, V., Rasmussen, A., & Halevy, A. (2008). Google's Deep Web crawl. Proceedings of the VLDB Endowment Archive, 1(2), 1241–1252. https://doi.org/10.1145/1454159.1454163

He, B., Patel, M., Zhang, Z., & Chang, K. C.-C. (2007). Accessing the deep web. Communications of the ACM, 50(5), 94–101. https://doi.org/10.1145/1230819.1241670

Zheng, Q., Wu, Z., Cheng, X., Jiang, L., & Liu, J. (2013). Learning to crawl deep web. Information Systems, 38(6), 801–819. https://doi.org/10.1016/j.is.2013.02.001

Madhavan, J., Afanasiev, L., Antova, L., & Halevy, A. (2009). Harnessing the Deep Web: Present and Future. Systems Research, 2(2), 50–54.

Liu, W., Meng, X., & Meng, W. (2010). ViDE: A vision-based approach for deep web data extraction. IEEE Transactions on Knowledge and Data Engineering, 22(3), 447–460. https://doi.org/10.1109/TKDE.2009.109

He, Y., Xin, D., Ganti, V., Rajaraman, S., & Shah, N. (2013). Crawling deep web entity pages. Web Search and Data Mining, 355–364. https://doi.org/10.1145/2433396.2433442

Web, T. D. (2000). The Deep Web: Surfacing Hidden Value. World Wide Web Internet

145

And Web Information Systems, (July), 1–33.
https://doi.org/http://dx.doi.org/10.3998/3336451.0007.104

Bergman, M. K. (2001). White Paper: The Deep Web: Surfacing Hidden Value. The
Journal of Electronic Publishing, 7(1), 1–17.
https://doi.org/10.3998/3336451.0007.104

Madhavan, J., Ko, D., Kot, Ł., Ganapathy, V., Rasmussen, A., & Halevy, A. (2008).
Google's Deep-Web Crawl. Proceedings of the VLDB Endowment, 1(2), 1241–
1252. https://doi.org/http://doi.acm.org/10.1145/1454159.1454163

Calì, A., & Martinenghi, D. (2010). Querying the deep web. ACM International
Conference Proceeding Series; Vol. 426, 724–727.
https://doi.org/10.1145/1739041.1739138

Khare, R., An, Y., & Song, I.-Y. (2010). Understanding deep web search interfaces.
ACM SIGMOD Record, 39, 33. https://doi.org/10.1145/1860702.1860708

Shestakov, D. (2011). Sampling the national deep web. In Lecture Notes in Computer
Science (including subseries Lecture Notes in Artificial Intelligence and
Lecture Notes in Bioinformatics) (Vol. 6860 LNCS, pp. 331–340).
https://doi.org/10.1007/978-3-642-23088-2_24

Pederson, S. (2013). Understanding the deep Web in 10 MinUtes. Br, (March), 11.

Pederson, S. (2013). Understanding the deep Web in 10 MinUtes. BrightPlanet.

Madhavan, J., Ko, D., Kot, \Lucja, Ganapathy, V., Rasmussen, A., & Halevy, A.
(2008). Google ' s Deep-Web Crawl. Proceedings of the VLDB Endowment,
1(2), 1241–1252. https://doi.org/10.1145/1454159.1454163

Khelghati, M., Hiemstra, D., & Van Keulen, M. (2013). Deep web entity monitoring.
WWW 2013 Companion - Proceedings of the 22nd International Conference on
World Wide Web, 377–381.

Handschuh, S., Volz, R., & Staab, S. (2003). Annotation for the deep Web. IEEE

146

Intelligent Systems. https://doi.org/10.1109/MIS.2003.1234768

Cafarella, M. J., Halevy, A., & Madhavan, J. (2011). Structured data on the web.
Communications of the ACM, 54(2), 72.
https://doi.org/10.1145/1897816.1897839

An, Y., Geller, J., Wu, Y., & Chun, S. (2007). Semantic deep web: automatic attribute
extraction from the deep web data sources. ... of the 2007 ACM Symposium on
..., 1667–1672. https://doi.org/10.1145/1244002.1244355

Furche, T., Gottlob, G., Grasso, G., Guo, X., Orsi, G., & Schallhart, C. (2012).
{OPAL}: {Automated} {Form} {Understanding} for the {Deep} {Web}. In
Proceedings of the 21st {International} {Conference} on {World} {Wide}
{Web} (pp. 829–838). https://doi.org/10.1145/2187836.2187948

Alba, A., Bhagwan, V., & Grandison, T. (2008). Accessing the deep Web: when good
ideas go bad. Oopsla 2008, (X), 815–818.
https://doi.org/10.1145/1449814.1449871

Shestakov, D., Bhowmick, S. S., & Lim, E. P. (2005). DEQUE: Querying the deep
web. Data and Knowledge Engineering, 52(3), 273–311.
https://doi.org/10.1016/j.datak.2004.06.009

Rajaraman, A. (2009). Kosmix: high-performance topic exploration using the deep
web. Proceedings of the VLDB Endowment (PVLDB), 1524–1529.
https://doi.org/10.14778/1687553.1687581

Huang, P.-S., Urbana, N. M. A., He, X., Gao, J., Deng, L., Acero, A., & Heck, L.
(2013). Learning Deep Structured Semantic Models for Web Search using
Clickthrough Data. The 22nd ACM International Conference on Information &
Knowledge Management, 2333–2338.
https://doi.org/10.1145/2505515.2505665

Kabisch, T., Dragut, E. C., Yu, C., & Leser, U. (2010). Deep web integration with
VisQI. Proceedings of the VLDB Endowment (PVLDB), 1613–1616. Retrieved

from
http://portal.acm.org/citation.cfm?id=1920841.1921053&coll=DL&dl=ACM
&CFID=218658991&CFTOKEN=16298919

Peisu, X., Ke, T., & Qinzhen, H. (2008). A framework of deep Web crawler. 2008 27th
Chinese Control Conference, 582–586.
https://doi.org/10.1109/CHICC.2008.4604881

Liu, G., Liu, K., & Dang, Y. Y. (2011). Research on discovering Deep Web entries
based ontopic crawling and ontology. In 2011 International Conference on
Electrical and Control Engineering, ICECE 2011 - Proceedings (pp. 2488–
2490). https://doi.org/10.1109/ICECENG.2011.6057954

Singh, M. P. (2002). Deep Web structure. Internet Computing, IEEE, 6, 4–5.
https://doi.org/10.1109/MIC.2002.1036032

Yoo, J. A., Geller, J., Wu, Y. T., & Soon, A. C. (2007). Automatic generation of
ontology from the Deep Web. In Proceedings - International Workshop on
Database and Expert Systems Applications, DEXA (pp. 470–474).
https://doi.org/10.1109/DEXA.2007.43

Shestakov, D., & Salakoski, T. (2007). On Estimating the Scale of National Deep
Web. In Database and Expert Systems Applications 2007 (Vol. 4653, pp. 780–
789). https://doi.org/10.1007/978-3-540-74469-6_76

Shestakov, D., & Salakoski, T. (2010). Host-IP Clustering Technique for Deep Web
Characterization. In APWeb 2010 (pp. 378–380).
https://doi.org/10.1109/APWeb.2010.59

Jung, K., Zhang, B.-T., & Mitra, P. (2015). Deep Learning for the Web. WWW'15
Companion, 18–22. https://doi.org/http://dx.doi.org/10.1145/2740908.2741982

He, H., Meng, W., Yu, C., & Wu, Z. (2005). WISE-Integrator: a system for extracting
and integrating complex web search interfaces of the deep web. In Proceedings
of the 31st International Conference on Very Large Data Bases (pp. 1314–

148

1317). *Retrieved from http://dl.acm.org/citation.cfm?id=1083761*

Rocco, D., Caverlee, J., Liu, L., & Critchlow, T. (2005). *Exploiting the deep web with DynaBot: matching, probing, and ranking. International World Wide Web Conference, 1174. https://doi.org/10.1145/1062745.1062925*

Vandervalk, B. P., McCarthy, E. L., & Wilkinson, M. D. (2009). *Moby and moby 2: Creatures of the deep (Web). In Briefings in Bioinformatics (Vol. 10, pp. 114–128). https://doi.org/10.1093/bib/bbn051*

Ciancaglini, V., Balduzzi, M., Mcardle, R., & Rösler, M. (2013). *Exploring the Deep Web Contents. Trend Micro, 5–6. Retrieved from https://www.trendmicro.com/cloud-content/us/pdfs/security-intelligence/white-papers/wp_below_the_surface.pdf*

He, B., Patel, M., Zhang, Z., & Chang, K. C. (2007). *Accessing the Deep Web : A Survey. Communications of the ACM - ACM at Sixty: A Look Back in Time, 50, 94–101. Retrieved from http://citeseerx.ist.psu.edu/viewdoc/download?doi=10.1.1.94.9091&rep= rep1&type=pdf*

Wenyu, Z., Jianwei, Y., Ming, C., Jian, W., & Lanfen, L. (2012). *Manufacturing Deep Web Service Management: Exploring Semantic Web Technologies. Industrial Electronics Magazine, IEEE, 6(2), 38–51. https://doi.org/10.1109/MIE.2012.2193293*

Shestakov, D., & Vorontsova, N. (2005). *On Russian Deep Web. In Yandex Workshop 2005 (pp. 320–341). Retrieved from http://download.yandex.ru/company/grant/2005/07_Shestakov_102104.pdf*

Wang, Y., Zuo, W., Peng, T., & He, F. (2008). *Domain-specific deep web sources discovery. In Proceedings - 4th International Conference on Natural Computation, ICNC 2008 (Vol. 5, pp. 202–206). https://doi.org/10.1109/ICNC.2008.350*

149

Fang, W., Cui, Z., Hu, P., Huang, L., & Zhao, P. (2008). SDWS: Semantic Search for
    Deep Web Data. 2008 International Symposiums on Information Processing,
    303–307. https://doi.org/10.1109/ISIP.2008.106

Fang, W., Cui, Z., & Zhao, P. (2007). Ontology-based focused crawling of deep web
    sources. Of the 2Nd International Conference on, 514–519. Retrieved from
    http://portal.acm.org/citation.cfm?id=1775487

Wu, W., Doan, A., & Yu, C. (2006). WebIQ: Learning from the Web to match Deep-
    Web query interfaces. In Proceedings - International Conference on Data
    Engineering (Vol. 2006, p. 44). https://doi.org/10.1109/ICDE.2006.172

Khare, R., & An, Y. (2010). Understanding deep web search interfaces: a survey.
    Sigmod, 33–40. https://doi.org/10.1145/1860702.1860708

Agata, T., Miyata, Y., Ikeuchi, A., & Ueda, S. (2010). The deep web in institutional
    repositories in Japan. In Proceedings of the ASIST Annual Meeting (Vol. 47).
    https://doi.org/10.1002/meet.14504701381

Varde, A., Suchanek, F., Nayak, R., & Senellart, P. (2009). Knowledge discovery over
    the deep web, semantic web and XML. In Lecture Notes in Computer Science
    (including subseries Lecture Notes in Artificial Intelligence and Lecture Notes
    in Bioinformatics) (Vol. 5463, pp. 784–788). https://doi.org/10.1007/978-3-
    642-00887-0_73

Deng, L., & Yu, D. (2013). Deep Learning: Methods and Applications. Foundations
    and Trends® in Signal Processing, 7(3–4), 197--387.
    https://doi.org/10.1136/bmj.319.7209.0a

Rajaraman, A. (2009). Kosmix: Exploring the Deep Web using Taxonomies and
    Categorization. Bulletin of the IEEE Computer Society Technical Committee
    on Data Engineering, 32(2), 12–19. Retrieved from
    http://sites.computer.org/debull/A09june/issue1.htm%5Cnpapers3://publication
    /uuid/9A0B5FF3-9B82-4532-A48A-C594865C0D5E

https://it.wikipedia.org/wiki/Virtual_Private_Network

http://amslaurea.unibo.it/2701/1/melis_andrea_tesi.pdf pag. 62 citazione

*http://www.itetpiolatorre.gov.it/attachments/article/333/1C-
U.D.A%20informatica.%20Galeazzo.pdf*

*Autin, F. (2010). La théorie de l'identité sociale de Tajfel et Turner. Préjugés &
Stéréotypes, (Ea 3815), 7. Retrieved from www. prejuges-stereotypes.
net/./autinIdentiteSociale. pdf*

*Paoluzzi, R. (2005). Ingegneria, Cosmologia e Oleodinamica. Trasmissioni Di
Potenza Oleodinamica Pneumatica Lubrificazione, 46, 62–67.*

Grendi, E. (1977). Microanalisi e storia sociale. Quaderni Storici, (35), 506–520.

*SCP (Sociaal en Cultureel Planbureau). (1991). Sociale en Culturele Verkenningen
1991. Cahier 85.*

*Halkier, B., & Jensen, I. (2008). Det sociale som performativitet. Dansk Sociologi,
19(3), 49–68.*

*Berger, P. L., & Luckmann, T. (2000). <<La>> realtà come costruzione sociale.
Biblioteca, 254 p.*

*Onderwijsraad. (2005). Sociale vorming en sociale netwerken in het onderwijs.
Advies. Onderwijsraad. Retrieved from
http://www.onderwijsraad.nl/upload/publicaties/352/documenten/sociale_vorm
ing_en_sociale_netwerken_in_het_onderwijs.pdf*

*Fusulier, B., Kuty, O., & Rémy, J. (2005). Négociations et transaction sociale.
Négociations, 3(1), 81–95. https://doi.org/10.3917/neg.003.0081*

*Dandurand, L. (2005). Réflexion autour du concept d'innovation sociale, approche
historique et comparative. Revue Française D'administration Publique,
115(3), 377. https://doi.org/10.3917/rfap.115.0377*

151

Blanc, M. (2009). *La transaction sociale : genèse et fécondité heuristique. Pensée Plurielle, 20(1), 25–36. https://doi.org/10.3917/pp.020.0025*

Grignon, C., & Grignon, C. (1981). *Alimentation et stratification sociale. Cahiers de Nutrition et de Diététique, 40–50.*

Laville, J.-L. (2001). *Vers une économie sociale et solidaire ? Revue Internationale de L'économie Sociale: Recma, (281), 39. https://doi.org/10.7202/1024020ar*

Economist. (2014). *Illicit E-Commerce: The Amazons of the Dark Net. The Economist, 1–4. Retrieved from papers3://publication/uuid/54F740D2-BE8D-4969-863A-5A0CF37F00B2*

Montagnani, L., Schulze, E., Mollicone, D., Kolle, O., & Al, E. (2002). *Net CO 2 exchange rates in three different successional stages of the "Dark Taiga" of central .... Tellus, 642–654. https://doi.org/10.1034/j.1600-0889.2002.01351.x*

Gómez, D. E., Teo, Z. Q., Altissimo, M., Davis, T. J., Earl, S., & Roberts, A. (2013). *The dark side of plasmonics. Nano Letters, 13(8), 3722–3728. https://doi.org/10.1021/nl401656e*

Perera, K. R. J., Ketheesan, B., Gadhamshetty, V., & Nirmalakhandan, N. (2010). *Fermentative biohydrogen production: Evaluation of net energy gain. International Journal of Hydrogen Energy, 35(22), 12224–12233. https://doi.org/10.1016/j.ijhydene.2010.08.037*

Wagner, S., Zotz, G., Salazar Allen, N., & Bader, M. Y. (2013). *Altitudinal changes in temperature responses of net photosynthesis and dark respiration in tropical bryophytes. Annals of Botany, 111(3), 455–465. https://doi.org/10.1093/aob/mcs267*

George, A. (2015). *Shopping on the dark net. New Scientist. https://doi.org/10.1016/S0262-4079(15)31855-8*

Reich, P. B. (1983). *Effects of low concentrations of o(3) on net photosynthesis, dark* respiration, and chlorophyll contents in aging hybrid poplar leaves. Plant

Physiology, 73(2), 291–6. https://doi.org/10.1104/pp.73.2.291

Lefevre, D., Minas, H. J., Minas, M., Robinson, C., Williams, P. J. L. E. B., & Woodward, E. M. S. (1997). Review of gross community production, primary production, net community production and dark community respiration in the Gulf of Lions. Deep-Sea Research Part II: Topical Studies in Oceanography, 44(3–4), 801–832. https://doi.org/10.1016/S0967-0645(96)00091-4

Fan, J. J., Katz, A., Randall, L., & Reece, M. (2013). Double-Disk Dark Matter. Physics of the Dark Universe, 2(3), 139–156. https://doi.org/10.1016/j.dark.2013.07.001

DEEP WEB LINK

Rent-A-Hacker - Hire a hacker for every job you can imagine, from DDOS to completely ruining people or destroy reputation of a company or individual

The Hidden Wiki IsraelService BUY FAKE PASSPORTS ITALIAN FRENCH SPANISH DIPLOMATIC PASSPORT FOR SALE USA MAKE FALSE ID CARDS ONLINE UK FAKE ID CARD FOR SELL ROMANIAN DRIVER'

S LICENSE Fund The Islamic Struggle Anonymously CIA Red Cell Memorandum on United States "exporting terrorism", 2 Feb 2010 - WikiLeaks Wikileaks -

WikiLeaks TORCH search results for: thuraya link deep TorLinks | .onion Link List The Hidden Wiki Deep Web Onion Urls Onionland Tor linklist *** Deep Web Radio *** Postfix Admin - torbox3uiot6wchz.onion [TorBox]

The Tor Mail Box [TorBox]

Tor Mail Box -

Login The Hidden Wiki img.bi US Fake ID Store - Drivers Licenses for most states with real holograms USA Citizenship - Become a citizen of the USA today, possible for everyone.

Payment with bitcoin.

Download music, movies, games, software! The Pirate Bay -
The galaxy's most resilient BitTorrent site
Cipolla 2.0 les_adresses_ip [Le Wiki de Liberty's Hackers]
NYTimes.com Search Malta-based Company probing war contractor
injuries for AIG under scrutiny
The Malta Independent cavaliere catrambone Main Page -
Buggedplanet.info thuraya THURAYA - Buggedplanet.info
S3222_TOTECHASER.jpg (JPEG Image, 800 × 1035 pixels) - Scaled (66%) Onion
Url Repository
Signature view, Assassination Market Assassination Market webTarantula
Na dobry początek | ToRepublic Przeglądaj katalog | ToRepublic
links.paraZite # underground links | Fri Dec 27 08:32:47 EET 2013
main.paraZite # Anarchy files and Underground links | Mon Nov 25
16:22:42 EET 2013
Matrix Image Uploader Imperial Library of Trantor Imperial Library of
Trantor PoliceTrack Three Reasons
Falkvinge on Infopolicy Index of /Library/English/Cryptography/
Sniffing con Wireshark Brute force cliente de correo SMTP, Hydra Hacking
Mircom Technologies Telephone Access Systems Whacked Mac Archives: Ham - GPS
Wireshark · Download The Tor version of Facebook Galaxy social network
SquirrelMail 1.4.23 [
SVN] Maltego- Information Gathering Tool Tutorial | Ethical Hacking-Your
Way To The World Of IT Security French Hidden Wiki libri intelligence Onion link
list Ovnis, Esoterismo, Ocultismo, Sociedades... DeepDotWeb - Surfacing The News
From The Deep Web SoylentNews The onion crate -
Tor hidden service index [LAB] ISIS le Minchiate Pentagonali e il
Necronomicon -
Gilda35, satira dadaista sul professionismo di internet Onion Identity
Services - Get your fake passport and a new identity today

154

www.ingramcontent.com/pod-product-compliance
Lightning Source LLC
LaVergne TN
LVHW051342050326
832903LV00031B/3702